MANUEL

DE

DROIT CRIMINEL

(CODES PÉNAL ET D'INSTRUCTION CRIMINELLE)

PARIS. — IMPRIMERIE POITEVIN, RUE DAMIETTE, 2 ET 4.

MANUEL

DE

DROIT CRIMINEL

(CODES PÉNAL ET D'INSTRUCTION CRIMINELLE)

PAR

J. CHANTAGREL

Répétiteur pour les examens de la Faculté de droit,
les concours pour l'auditorat du Conseil d'État et de la Cour des Comptes,
l'inspection des finances et l'admission au Ministère des Finances

DEUXIÈME ÉDITION

REVUE, AUGMENTÉE ET MISE AU COURANT DES MODIFICATIONS
INTRODUITES DANS LES CODES PÉNAL ET D'INSTRUCTION CRIMINELLE PAR LES LOIS
DES 13 ET 20 MAI 1863 ET 14 JUILLET 1865

PARIS

LIBRAIRIE DE JURISPRUDENCE DE MENARD

20, RUE DES GRÈS, 20

1866

PRÉFACE

DE LA PREMIÈRE ÉDITION.

Ce livre s'adresse aux étudiants en droit. J'ai, autant qu'il m'a été possible, évité les longueurs superflues, qui sont, à mon sens, le plus grand défaut des ouvrages élémentaires. Dire beaucoup de choses sans noyer l'esprit du lecteur dans un déluge de paroles, est le plus sûr moyen de lui communiquer une idée ou une science. Dans le chemin qu'on lui fait parcourir, il ne faut pas qu'il cesse un instant d'apercevoir le but qu'on lui a montré au départ.

PRÉFACE

DE LA DEUXIÈME ÉDITION.

Le but de ce livre est resté ce qu'il était : préparation prompte et sûre au second examen de droit, en ce qui touche le Code pénal et l'instruction criminelle.

Mais le succès de la première édition ne devait pas me décider à faire une réimpression pure et simple; c'était, au contraire, un motif pour me faire rechercher avec soin les améliorations dont mon premier travail était susceptible.

Les livres d'étude suivent les lois du progrès; ils vieillissent rapidement, et l'auteur qui l'oublie est lui-même bientôt oublié.

Les inconvénients qui résultent d'une application trop rigoureuse de la méthode exégétique ont été corrigés, et l'ordre matériel des articles a été souvent interrompu pour faire place à un ordre plus rationnel et plus propre à faciliter l'intelligence des explications.

Le cadre du livre s'est un peu élargi. Les professeurs de la Faculté, obéissant aux nécessités de la méthode et de la logique, sortent parfois des limites du programme officiel, dans les examens comme dans leurs leçons. Or, je ne devais rien omettre de ce que l'étudiant doit savoir.

Je n'ai pas cru devoir traiter les matières criminelles avec la sécheresse d'un livre d'arithmétique; je n'ai pas évité l'occasion de dire, en passant, un mot sur les questions philosophiques dont les lois pénales sont loin d'être dépourvues. Si tous mes lecteurs ne partagent pas les opinions que j'ai professées, tous, je l'espère, trouveront dans mon livre les éléments de succès qu'ils chercheront pour leur examen sur le Code pénal et l'instruction criminelle.

MANUEL

DE

DROIT CRIMINEL

(CODE PÉNAL ET INSTRUCTION CRIMINELLE)

NOTIONS HISTORIQUES

Notre ancienne législation criminelle se distingue par son arbitraire et sa cruauté.

Les lettres de cachet peuplent la Bastille.

Les lois prodiguent la peine de mort.

Certains délits, que la législation actuelle ne punit pas même de l'emprisonnement, ont pour conséquence la peine de mort. Ainsi, la chasse est un plaisir royal ou seigneurial, et le paysan qui a le malheur de l'oublier s'expose au plus terrible des châtiments. Son chien lui-même n'est pas épargné, on lui coupe les jarrets ! C'est Henri IV qui l'ordonne ; tel est son bon plaisir.

L'accusé n'a pas même la garantie d'une loi positive et invariable; le juge jouit, pour le choix et l'application de la peine, d'une latitude dangereuse.

L'égalité n'existe pas même devant la mort. La décollation punit le *noble*, la potence le *vilain*, l'écartellement le régicide, le feu le sacrilége, la roue le voleur de grand chemin; quelquefois il y a cumul, et le feu succède à la roue.

Il y avait autant d'arbitraire et de vices dans l'ancienne procédure criminelle que de barbarie dans les peines dont elle réglait l'application. Les principales ordonnances sur cette matière sont celles de 1539 et de 1670. Cette dernière n'apporta pas de sensibles améliorations en abrogeant la précédente. Elles ne permettaient, ni l'une ni l'autre, à l'accusé de se faire guider par un conseil ou défendre par un avocat; l'instruction était secrète; l'accusé était obligé de prêter serment pour garantir la sincérité de ses déclarations, c'est-à-dire qu'il avait le choix entre le parjure et le suicide, s'il était coupable; s'il était innocent, il n'était pas sûr de sortir sain et sauf de prison; on le mettait à la *question* pour lui arracher des aveux, et plus d'une fois la mort suivait les tortures qu'on lui faisait subir.

Le 14 juillet 1789, le peuple démolit la Bastille. Les jours suivants, la Constituante démolit l'édifice féodal.

La vieille société tombe en ruines de toutes parts;

la liberté, l'égalité succèdent à la servitude et aux priviléges.

Les rois s'en vont, les peuples arrivent.

La législation nouvelle se fonde sur les idées philosophiques du dix-huitième siècle.

Elle présente sans doute encore de grandes imperfections, mais elle est dans la voie du progrès.

Les principes de 1789 sont proclamés, et ils répondent pour longtemps aux besoins intellectuels et moraux de l'avenir. Bientôt on s'aperçoit qu'ils ont de profondes racines dans le pays: ils peuvent se heurter au 18 brumaire sans se briser entièrement. La liberté, qui est un fait autant qu'un principe, périt dans le naufrage de la République; l'égalité, qui est un principe bien plus qu'un fait, survit et résiste à toutes les attaques.

La Restauration accepte ces principes, en partie, sans les inscrire sur sa bannière; le gouvernement de Juillet les inscrit sur la sienne sans les accepter entièrement.

La République de 1848 donne l'exemple de la sincérité dans la pratique des droits de l'homme. La liberté règne pour tous, pour ses ennemis comme pour ses amis.

Le Gouvernement provisoire a laissé dans notre législation des souvenirs qui survivront aux abominables calomnies dont il est encore l'objet. L'abolition de la peine de mort, en matière politique, et l'affranchissement des nègres suffiraient seuls pour sa gloire.

L'Assemblée constituante, qui lui succéda, eut le tort, peut-être, d'avoir un peu trop de scrupules, et l'Assemblée législative celui de n'en avoir pas assez.

Je ne dis rien de l'Empire, si ce n'est qu'il a inscrit, tout comme un autre, les principes de 1789 sur son enseigne, et que ses amis en proclament sans cesse l'immortalité, sans doute pour rassurer le public sur la maladie dont il pourrait les croire atteints.

La période révolutionnaire est riche en monuments législatifs, tant en matière criminelle qu'en matière civile. Ce que les Codes impériaux contiennent de bon y a été, en grande partie, compilé. Ce qu'ils contiennent de mauvais a une autre source.

Voici la nomenclature des lois criminelles les plus importantes de cette époque :

1° Loi du 22 juillet 1791, sur l'organisation de la police municipale et de la police correctionnelle;

2° Loi du 29 septembre 1791, concernant la police de sûreté, la justice criminelle et l'établissement du jury;

3° Code pénal du 6 octobre 1791;

4° Code des délits et des peines du 3 brumaire an IV.

Au milieu des travaux et des orages des grandes assemblées de cette époque, s'élèvent des questions importantes. On se demande déjà si la peine de mort sera maintenue. Robespierre en demande l'abolition dans les comités de la Constituante. La Convention ne se sépare qu'après avoir décidé dans un article de loi, que la peine de mort sera du moins abolie à partir de la paix générale.

La Constituante avait maintenu la peine de mort, mais elle l'avait dépouillée de tout raffinement de cruauté. La mort, désormais, ne sera que la simple *privation de la vie.*

Viennent ensuite le Code d'instruction criminelle et le Code pénal de l'Empire.

Le 7 germinal an IX (28 mars 1801) six commissaires furent nommés pour préparer un projet de Code contenant les dispositions pénales et les règles de la procédure criminelle. La section de législation du Conseil d'État commença le 16 prairial an XII (5 juin 1804) à le discuter. Des questions très-importantes furent soumises à ses délibérations.

Conservera-t-on le jury? C'était une création de la Constituante. L'Empire venait d'être proclamé. La justice rendue par les citoyens était en désaccord avec les principes d'autorité personnelle que voulait faire prévaloir l'empereur.

En admettant l'affirmative, maintiendra-t-on le jury d'*accusation* et le jury de *jugement?* Comment seront posées les questions?

Les deux jurys furent maintenus.

Le projet de Code contenait la proposition de confier à des magistrats ambulants, qu'on désignerait sous le nom de *préteurs*, la direction des assises.

A cette époque, la justice civile était rendue par des tribunaux d'arrondissement et par des tribunaux d'appel (27 ventôse an VIII).

La justice criminelle était confiée, pour les délits de police correctionnelle, aux tribunaux d'arrondissement en première instance et aux tribunaux criminels de département en appel. Les tribunaux d'appel, que nous nommons Cours d'appel ou Cours impériales, ne connaissaient pas alors de l'appel des délits de police correctionnelle, et ne participaient en aucune manière à la tenue des assises.

Les tribunaux criminels de département, organisés par la loi du 27 ventôse an VIII, étaient composés d'un président, de deux juges et de deux juges suppléants. A ces tribunaux était confiée la direction des assises.

Tandis qu'on discutait la question des magistrats ambulants, l'empereur, mécontent du maintien du jury, fit une proposition tendant à l'abolir indirectement. Il s'agissait de la réunion de la justice criminelle à la justice civile, dans un certain nombre de corps judiciaires, rappelant par leur importance les anciens parlements, dépouillés, toutefois, de leur influence politique.

Mais comme ces tribunaux auraient siégé loin les uns des autres, à raison de leur nombre restreint, les jurés auraient été obligés de se transporter à de grandes distances. On en aurait tiré bientôt un nouvel argument pour abolir le jury. Les partisans de cette grande institution aperçurent le danger et repoussèrent la proposition de l'empereur. Ce désaccord amena l'interruption des travaux le 20 décembre 1804.

La discussion fut reprise le 8 janvier 1808. Mais cette fois l'instruction criminelle fut séparée du Code pénal, et c'est elle qui fut discutée la première.

La question relative à la réunion de la justice criminelle à la justice civile fut reproduite; mais en même temps une nouvelle combinaison fut proposée, tendant à rendre le jury compatible avec le nouveau système.

Cette combinaison consistait dans l'envoi de magistrats appartenant aux nouveaux corps de justice, c'est-à-dire aux Cours d'appel réorganisées, pour présider les Cours d'assises dans les départements, de manière à transporter le siége des assises près des jurés, au lieu d'obliger les jurés à se transporter près des grands corps judiciaires.

D'après l'organisation de 1791, il y avait un jury d'*accusation* et un jury de *jugement*. Le jury de jugement fut seul conservé.

Le premier remplissait le rôle qui appartient maintenant aux *chambres des accusations*.

La discussion du Code d'instruction criminelle fut

terminée le 6 février 1808 au Conseil d'État, et le 16 décembre de la même année au Corps législatif.

Vint ensuite la discussion du Code pénal, qui fut terminée au commencement de l'année 1810.

Les tribunaux furent réorganisés le 20 avril 1810; la justice criminelle fut réunie à la justice civile, et les tribunaux criminels furent supprimés.

C'était une mesure préliminaire pour l'application des Codes pénal et d'instruction criminelle, qui commença le premier janvier 1811.

Ces Codes ont subi, depuis, un grand nombre de modifications.

La Charte de 1814 abolit la confiscation générale.

Les lois de 1819 améliorent la législation antérieure sur la presse et soumettent au jury les délits en cette matière.

La loi de 1827 réorganise le jury sur des bases plus libérales.

Celle du 28 avril 1832 est une des plus importantes par les adoucissements qu'elle apporte dans la législation pénale en général, et surtout par l'introduction des *circonstances atténuantes* dans les matières criminelles.

Un décret du Gouvernement provisoire abolit la peine de mort en matière politique; il est confirmé par l'art. 5 de la Constitution du 4 novembre 1848.

Le décret du 12 avril 1848 supprime l'exposition publique.

La loi du 12 août 1848 réorganise le jury pour le mettre en harmonie avec les principes nouveaux sur la souveraineté du peuple.

La loi du 16 juin 1850 abolit la mort civile en matière politique.

Le décret du 8 décembre 1851 réorganise la surveillance de la haute police.

La loi des 4-10 juin 1853 réorganise le jury.

La loi des 9-10 juin 1853 concerne les déclarations du jury.

La loi du 30 mai 1854 règle l'exécution de la peine des travaux forcés.

Celle du 31 mai de la même année abolit la mort civile en matière ordinaire.

La loi du 13 juin 1856 est relative aux appels des jugements de police correctionnelle.

Celle du 31 juillet 1856 modifie plusieurs dispositions du Code d'instruction criminelle.

La loi du 27 février 1858 est intitulée : *Loi sur les mesures de sûreté générale.*

La loi du 13 mai 1863 modifie plusieurs articles du Code pénal et porte une atteinte grave aux pouvoirs des magistrats, en cas de circonstances atténuantes (art. 463 du Code pénal.)

La loi du 20 mai 1863, sur les flagrants délits, et celle du 14 juillet 1865, *sur la liberté provisoire*, modifient plusieurs articles du Code d'instruction criminelle.

CODE PÉNAL

CHAPITRE PREMIER

DES DÉLITS

Un délit est un fait punissable. Ce mot vient de *délinquere,* laisser, abandonner la bonne voie, pour entrer dans celles des mauvaises actions. Il s'emploie souvent, dans la doctrine surtout, pour désigner toute infraction à la loi pénale, tandis que dans son sens spécial et technique, il désigne les infractions de la compétence des tribunaux de police correctionnelle.

Les faits punissables peuvent se diviser en plusieurs classes : 1° crimes, délits et contraventions; 2° délits instantanés et délits successifs; 3° délits simples et délits collectifs; 4° délits flagrants et délits non flagrants; 5° délits communs ou ordinaires et délits spéciaux; 6° délits d'action et délits d'inaction.

1° *Crimes, Délits et Contraventions.*

« ART. 1er. L'infraction que les lois punissent des « peines de police est une *contravention.*

« L'infraction que les lois punissent de peines cor-« rectionnelles est un *délit.*

« L'infraction que les lois punissent d'une peine « afflictive ou infamante est un *crime.* »

On voit que le législateur a basé sa division sur la peine encourue et non sur le degré d'immoralité du fait punissable. Les auteurs du Code, plus praticiens que philosophes, ne s'étaient pas attachés à établir une classification rationnelle, mais seulement à faire connaître les autorités chargées d'appliquer la peine. « Désormais, dit l'exposé des motifs, le mot *crime* désignera les attentats contre la société qui doivent occuper les Cours criminelles; le mot *délit* sera affecté aux désordres moins graves qui sont du ressort de la police correctionnelle; enfin, le mot *contravention* s'appliquera aux fautes contre la simple police (1). »

C'est dire au public : « Ne vous embarrassez pas d'examiner la nature intrinsèque des actions humaines; regardez le pouvoir; fait-il couper la tête

(1) Locré, t. XXIX, p. 202.

à un homme, concluez-en que cet homme est un grand scélérat. » Il y a là un tel mépris de l'espèce humaine, une telle prétention au despotisme en tout, même en morale, qu'on pourrait, sans trop hasarder, juger de l'esprit du Code entier par la lecture de l'art. 1er.

Aussi y trouve-t-on élevé au rang de délit et de crime, ici un fait utile et licite, tel qu'une réunion de vingt et une personnes, quelque louable qu'en soit le but (art. 291), ailleurs (1) la simple proposition, presque la seule pensée d'un délit (2).

Un second reproche qu'on peut faire au législateur, c'est d'avoir voulu élever une espèce de barrière entre les crimes et les délits, quoiqu'ils présentent un caractère commun de premier ordre, l'*intention* chez leur auteur.

L'intention n'est cependant pas toujours une des conditions constitutives du crime ou du délit. La loi punit quelquefois la simple négligence : ainsi, aux termes de l'art. 119 du Code pénal, les fonctionnaires

---

(1) Art. 90 de l'édition de 1810 : « S'il n'y a pas eu de complot arrêté, mais une proposition faite et non agréée d'en former un pour arriver au crime mentionné dans l'article 86, celui qui aura fait une telle proposition sera puni de la réclusion. — L'auteur de toute proposition non agréée tendant à l'un des crimes énoncés dans l'article 87, sera puni du bannissement. » —*Abrogé,* L. 28 avril 1832, art. 12.

(2) Rossi, *Traité de droit pénal,* 3e édition, t. I, p. 46.

publics chargés de la police administrative ou judiciaire qui ont négligé de déférer à une réclamation tendant à constater les détentions illégales et arbitraires, soit dans les maisons destinées à la garde des détenus, soit partout ailleurs, et qui ne les ont pas dénoncées à l'autorité supérieure, sont punis de la dégradation civique.

Aux termes de l'art. 199, un ministre du culte qui procède aux cérémonies religieuses d'un mariage avant la célébration du mariage civil, est puni, pour la première fois, d'une amende de 16 à 100 fr.; pour la première récidive, d'un emprisonnnement de deux à cinq ans; pour la seconde récidive, de la détention.

On ne saurait tirer un *criterium* certain de la peine pour distinguer les délits des crimes, car le même fait peut être puni de peines criminelles ou correctionnelles, suivant les circonstances. Ainsi le vol n'est ordinairement qu'un délit, mais il passe dans la catégorie des crimes s'il est commis sur un chemin public (art. 383).

En créant l'échelle des pénalités et en dictant ses lois au législateur docile aux ordres du maître, le gouvernement de 1810 a pris en considération, non seulement le *danger social* et l'*immoralité du fait*, mais encore et surtout le danger personnel, comme il convient à un gouvernement despotique, sans distinction, dans son aveuglement, entre les peines de droit commun et les peines politiques. Pour lui, les hommes généreux qui exposent leur vie pour le triomphe de la raison et de la liberté sont des scélérats, comme les assassins et les voleurs! La peine de mort est prodiguée. La loi de 1832, sous l'influence de l'opinion publique, a dû remplacer, dans un grand nombre de cas, la mort par des peines moins atroces, afin de rétablir la balance entre le crime et le châtiment. C'est une vérité bien établie que les bonnes lois sont le privilége des peuples libres et que la liberté moralise les hommes. « Il serait aisé de prouver, dit Montesquieu, que dans tous ou presque tous les États de l'Europe, les peines ont diminué ou augmenté à mesure qu'on s'est plus approché ou plus éloigné de la liberté (1). »

L'Empire avait rouvert les bastilles; la République de 1848 abolit la peine de mort en matière politique et manifesta l'intention de l'abolir en toute matière lors d'une prochaine révision générale des lois que les événements ont retardée.

Quant à la catégorie des faits punissables que le Code nous présente sous le nom de *contraventions*, elle est plus rationnelle que celles des crimes et des délits. La loi recherche et punit moins l'intention de l'auteur que le fait matériel. En effet, si, pour les crimes et les délits, l'intention est, en général, une condition de leur existence, elle n'est exigée,

(1) *Esprit des lois*, liv. 12.

pour les contraventions, que dans des cas exceptionnels, comme dans celui de l'art. 479, n° 9, qui punit d'une amende « ceux qui ont méchamment enlevé ou déchiré les affiches apposées par ordre de l'administration. »

De cette différence on a tiré la classification des *délits* (pris dans le sens large) *intentionnels* et *délits non intentionnels* (1).

On a dit que la classification tripartite de l'article 1er était basée sur le but que s'était proposé le législateur. Ainsi on a voulu voir dans les peines infamantes l'*exemple*; dans la personne d'un individu que la société considère comme incurable ; dans les peines correctionnelles, une *punition* destinée à ramener au bien celui qui s'est oublié d'une manière répréhensible, et, enfin, dans les contraventions, un *avertissement* salutaire pour celui chez qui la faute légère pourrait être le premier pas dans la voie du mal.

Ce système ne saurait être justifié, car toutes les peines, sauf les peines perpétuelles, ont pour but l'amendement aussi bien que l'exemple. On voit même des condamnés aux travaux forcés à perpétuité mériter leur grâce et faire oublier, par une conduite honnête, l'horreur des crimes qu'ils ont commis. Sans doute, dans ce cas, le législateur semble plus occupé d'effrayer les malintentionnés et de mettre le

---

(1) M. Ortolan, *Éléments de droit pénal*, p. 161 et 162.

coupable dans l'impossibilité de nuire que de le corriger; mais il lui a appris à l'avance que la justice des hommes n'est pas plus inflexible que celle de Dieu, et qu'il lui est possible de racheter sa liberté par sa bonne conduite.

Quant aux contraventions, on ne saurait raisonnablement soutenir qu'elles ont pour but d'avertir leurs auteurs que la voie du mal est ouverte devant leurs pas. Vous avez oublié de museler votre chien, prenez garde, vous êtes dans la voie du mal, vous pourriez bien commettre un grand crime !

Concluons de ce qui précède que tout fait, fût-il immoral en soi, ne pourrait motiver des poursuites, s'il ne rentrait dans l'une des catégories de l'art. 1er du Code pénal.

2° *Délits d'action et délits d'inaction.*

La loi défend ou ordonne. Une infraction à ses défenses est un délit d'*action*, une infraction à ses ordres est un délit d'*inaction*, selon l'expression très-exacte de M. Ortolan, ou d'*omission*, selon l'expression commune.

Les délits d'action sont les plus nombreux. La négligence et l'égoïsme ne sont punis que dans des cas particuliers, comme celui du n° 12 de l'art. 475, aux termes duquel « seront punis d'amende, depuis 6 fr. jusqu'à 10 fr., ceux qui, le pouvant, auront refusé ou négligé de faire les travaux, le service, ou de prêter le secours dont ils auront été requis dans les circonstances d'accidents, tumultes, naufrage, inondation, incendie ou autres calamités, ainsi que dans les cas de brigandages, pillages, flagrant délit, clameur publique ou d'exécution judiciaire. » Récemment des voituriers de l'Algérie ont été poursuivis pour avoir refusé de transporter la guillotine d'une ville à une autre. Belle leçon donnée aux partisans de la peine de mort !

Ne cessera-t-on de tuer que quand on ne trouvera pas de bourreau?

3° *Délits instantanés et délits successifs.*

Certains délits cessent avec l'action qui les produit; on les nomme *délits instantanés*. La durée de l'acte importe peu; un meurtre s'accomplit dans une lutte et une agonie très-longues, le délit n'est pas moins instantané.

D'autres se prolongent après la première action; on les nomme *délits successifs*. Ainsi la séquestration suppose un acte coupable continu; il en est de même du fait d'un individu qui porte les armes contre sa patrie; de celui qui détient des engins ou armes prohibés.

La différence entre les délits instantanés et les délits successifs n'est pas toujours facile à saisir. La bigamie, le vol et la détention de la chose volée qui en est la suite, le recel, constituent-ils des délits successifs ou instantanés? Il faut voir, en général, si, par sa gravité, le premier acte est un fait principal qui se détache facilement de celui ou de ceux qui l'ont suivi. La *bigamie* consiste dans le fait de mariage, après une première union encore existante, et non dans le fait de cohabitation illégitime; c'est donc un délit instantané.

La détention de la *chose volée* n'est que la conséquence d'un fait antérieur, et ne saurait constituer un délit successif.

Quelquefois le délit consiste dans une série d'actes, sans sortir de la classe des délits instantanés; ainsi, un individu vole les meubles d'un appartement en faisant plusieurs voyages, le délit n'est pas moins instantané.

Un faux-monnoyeur commet un délit instantané, malgré les actes réitérés de fabrication.

Il importe de distinguer le délit successif du délit instantané, car la prescription ne commencera pour le premier qu'à partir du dernier acte; il faut le distinguer aussi des faits successifs qui pourraient constituer autant de délits séparés, et être frappés de peines séparément, sauf combinaison de ces peines, d'après le principe de l'art. 365 du Code d'instruction criminelle. Dans ce dernier cas, chaque fait se prescrit et peut se poursuivre séparément.

4° *Délits simples et délits collectifs.*

Un *délit simple* est celui qui consiste dans un fait unique.

Un *délit collectif* est celui qui ne peut résulter que de plusieurs actes. On le nomme aussi *délit d'habitude.*

C'est ainsi que la loi ne punit l'usure qu'autant qu'elle constitue une *habitude* (1). Le législateur a laissé à l'appréciation du juge le nombre des faits qui constituent l'habitude.

5° *Délits flagrants et délits non flagrants.*

Nous trouvons une définition du *flagrant délit* (délit qui vient d'être commis, délit brûlant) dans l'art. 41 du Code d'instruction criminelle, ainsi conçue : « Le délit qui se commet actuellement ou qui vient de se commettre est un flagrant délit. Seront aussi réputés flagrants délits le cas où le prévenu est poursuivi par la clameur publique et celui où le prévenu est trouvé saisi d'effets, armes, instruments ou papiers faisant présumer qu'il est auteur ou complice, pourvu que ce soit dans un temps voisin du délit. »

La loi tire de cette qualité du délit pour la procédure des conséquences qui seront mentionnées dans

---

(1) Lois du 3 septembre 1807, art. 4, et du 19 décembre 1850.

nos explications sur le Code d'instruction criminelle.

En principe, la loi punit les délits flagrants comme les délits non flagrants. Cependant il existe quelques exceptions à cette règle. (Voyez notamment les art. 97, 100, 213 du Code pénal.)

6° *Délits communs, délits spéciaux.*

Les *délits communs* sont ceux qui sont punis par des dispositions du Code pénal ou par les lois qui le modifient.

Les *délits spéciaux* sont ceux qui sont prévus par des lois spéciales, comme les délits de presse. La spécialité peut résulter aussi de la juridiction ou de la qualité des personnes, comme les délits militaires.

CHAPITRE II

DES PEINES

La peine, en matière criminelle, est la souffrance que le législateur ordonne d'infliger à l'auteur d'un délit.

Pour être juste, il faut qu'elle soit mesurée sur l'immoralité du méfait et sur le danger social; de plus, elle doit être *personnelle,* c'est-à-dire frapper le coupable seul et non sa famille avec lui. Cette dernière condition de la moralité des châtiments n'a pas toujours été fidèlement observée, mais l'abus le plus déplorable, sous ce rapport, a disparu de nos Codes avec la mort civile.

Le but des peines est à la fois la prévention des délits par l'exemple et, en général, l'amendement du condamné.

Les jurisconsultes de l'école de Bentham, qui ne voient dans la punition que l'utilité sociale consistant dans l'effroi qu'inspire aux malintentionnés le châtiment d'un malfaiteur, posent un principe dont les conséquences pourraient devenir atroces, et lèsent ainsi la justice morale. On justifierait par l'utilité sociale, en effet, les peines les plus rigoureuses pour les délits les plus fréquents, mais d'une gravité secondaire, tels que le vol. C'est, il faut bien le dire, à l'école de Bentham principalement qu'appartenaient les auteurs du Code pénal de 1810.

Pour nous, l'amendement du coupable est le but principal, au moins quand il ne s'agit pas de la peine de mort qui, par sa nature, est irréparable.

Il s'est trouvé des jurisconsultes pour préconiser les délices de la vengeance sociale. Il n'est pas certain, quoi qu'on en dise, que la vengeance soit le plaisir des dieux, mais à coup sûr elle est contraire à la morale humaine.

Non seulement les peines doivent être personnelles, mais il faut encore qu'elles soient *divisibles* et *égales*. *Divisibles*, c'est-à-dire susceptibles de plus ou de moins en durée et en intensité, afin de se prêter facilement à la mesure exigée par la gravité du délit, l'immoralité du délinquant et aux circonstances. *Égales*, c'est-à-dire frapper avec la même intensité les individus qui se trouvent dans les mêmes conditions physiques, morales et intellectuelles. De la divisibilité dépend l'égalité. C'est au juge qu'il appartient d'apprécier le degré de sensibilité, de repentir ou de perversité chez le coupable, pour en déduire la mesure du châtiment.

Elles doivent être *réparables*. La faillibilité de la justice humaine suffirait, seule, pour justifier l'abolition de la peine de mort.

Non rétroactivité des peines.

« Art. 4. Nulle contravention, nul délit, nul crime,
« ne peuvent être punis de peines qui n'étaient pas
« prononcées par la loi avant qu'ils fussent commis. »

Les lois ne sauraient rétroagir sans jeter l'incertitude, le trouble et la crainte dans la société.

Une exception, mais toute favorable à l'auteur du délit et que la jurisprudence a tirée des principes généraux de la morale et des lois, consiste dans l'application de la peine la moins forte, lorsqu'une loi nouvelle a été promulguée depuis l'époque du délit et avant le jugement. Cette exception est facile à justifier. En effet, si la peine la moins forte est celle de la loi en vigueur au moment du délit, elle constitue un droit acquis pour l'auteur; au contraire, si la peine édictée par la dernière loi est moins forte, elle doit être appliquée, parce qu'il serait immoral de faire usage d'une loi que le législateur a reconnue mauvaise.

Passons à la classification des peines :

« Art. 6. Les peines en matière criminelle sont ou « afflictives et infamantes, ou seulement infamantes. »

« Art. 7. Les peines afflictives et infamantes sont :
« 1° La mort ;
« 2° Les travaux forcés à perpétuité;
« 3° La déportation;
« 4° Les travaux forcés à temps;
« 5° La détention;
« 6° La réclusion. »

« Art. 8. Les peines infamantes sont :
« 1° Le bannissement ;
« 2° La dégradation civique. »

« Art. 9. Les peines en matière correctionnelle « sont :
« 1° L'emprisonnement à temps dans un lieu « de correction;
« 2° L'interdiction à temps de certains droits « civiques, civils ou de famille;
« 3° L'amende. »

« Art. 10. La condamnation aux peines établies « par la loi est toujours prononcée sans préjudice des « restitutions et dommages-intérêts qui peuvent être « dus aux parties. »

Les peines sont donc en matière criminelle :

1° la mort; 2° les travaux forcés à perpétuité; 3° la déportation; 4° les travaux forcés à temps; 5° la détention; 6° la réclusion; 7° la dégradation civique; 8° le bannissement.

Les six premières sont afflictives et infamantes; la 7e et la 8e sont infamantes seulement.

Les peines dites correctionnelles sont : 1° l'emprisonnement; 2° l'interdiction de certains droits; 3° l'amende.

Les peines de simple police sont l'emprisonnement et l'amende.

Les peines infamantes sont celles qui font souffrir la considération, l'honneur, l'estime; les peines afflictives sont celles qui font souffrir le corps; les peines afflictives et infamantes sont donc celles qui atteignent le moral et le physique. Les unes et les autres sont prononcées par les tribunaux criminels, c'est-à-dire les Cours d'assises en général, la Haute-Cour de justice dans certains cas, et les Conseils de guerre pour les délits militaires.

Ces distinctions ont été l'objet de vives critiques : Pourquoi des peines infamantes et correctionnelles? Toutes les peines ne sont-elles pas infamantes? Et pourquoi le dire? Ne suffit-il pas que la loi frappe le coupable de peines très-sévères sans lui dire : Vous êtes un infâme! Il n'est pas digne du législateur d'ajouter l'insulte au châtiment. La loi doit se contenter de punir; à l'opinion publique seule il appartient de jeter l'infamie sur ceux que la justice frappe.

Cette qualification d'ailleurs n'est pas toujours sanctionnée par l'opinion publique. En matière politique, l'infamie consiste à être un adversaire.

Le nombre est grand de ces infâmes que nous aimons, que nous estimons, et dont le crime consista naguère à sacrifier leur fortune, à exposer leur vie pour le maintien de la constitution et des lois qui donnaient à la France la paix et la liberté.

On ne crée pas de la honte et de l'infamie à souhait, comme dit Rossi, chez un peuple doué de l'amour du progrès et du sentiment de sa dignité.

On parvient quelquefois à le tromper, à l'effrayer peut-être avec ces fameuses antithèses: Le *parti de l'ordre et celui du désordre*; *le parti honnête et modéré et la République rouge; les amis de la propriété, de la famille, de la religion et les ennemis éternels de la société*, etc., etc. Comme si l'honnêteté, l'ordre et la modération étaient le monopole d'un parti en France! Comme si République signifiait autre chose que gouvernement de la nation par elle-même, comme il convient aux peuples majeurs et libres; comme s'il y avait en France des ennemis de la propriété, de la famille et de la religion! Qu'importe, le tour fut joué; la fin justifie les moyens.

Nous reconnaissons d'ailleurs sans peine que certains de ces *défenseurs de la société* se sont montrés, depuis, les amis sincères de la propriété, un peu moins, peut-être, de la religion; mais il n'est pas donné à l'homme d'atteindre la perfection.

PREMIÈRE SECTION

Des peines criminelles

1° *La Mort.*

« Art. 12. Tout condamné à mort aura la tête « tranchée. »

Nous ne parlerons pas de la peine de mort en matière politique; le Gouvernement provisoire, s'est honoré, en 1848, et à accompli un grand acte de justice en effaçant de nos Codes une peine déjà bannie de nos mœurs. C'est une de ces peines qui ont fait leur temps et qu'il n'est pas possible de rétablir sans outrager l'opinion publique.

La loi du 10 juin 1853 a introduit une exception. L'art. 10 est ainsi conçu : « L'attentat contre la vie « ou contre la personne de l'Empereur est puni de la « peine du parricide. »

« L'attentat contre la vie des membres de la famille « impériale est puni de la peine de mort. »

La peine de mort en matière criminelle proprement dite, qui existe encore, est l'objet d'une controverse philosophique, qui va tous les jours s'affaiblissant.

Les esprits éclairés, quand ils ne sont pas ouvertement les adversaires de la peine de mort, osent à peine en prendre la défense. Voici ce qu'écrivait Rossi, en 1829, après avoir exposé les raisons qu'il croyait propres à justifier l'existence de cette peine : « Que conclure de ces observations? que la peine de mort est non seulement une peine légitime en soi, mais une peine dont on doit désirer le maintien? Malheur à celui qui pourrait en tirer une pareille conséquence! La peine de mort est un moyen de justice, extrême, dangereux, dont on ne peut faire usage qu'avec la plus grande réserve, qu'en cas de véritable nécessité, qu'on doit désirer de voir supprimer complétement, et pour l'abolition duquel le devoir nous commande d'employer tous nos efforts, en préparant un état de choses qui rende l'abolition de cette peine compatible avec la sûreté publique et particulière (1). »

Les rares partisans de la peine de mort, — je parle des hommes qui pensent et non des esprits légers qui croient avoir le droit d'exprimer une opinion sur une matière aussi grave, sans étude et sans méditation, — les partisans de la peine de mort, dis-je, allèguent, pour la justifier, qu'elle est *exemplaire* et par suite

(1) *Traité de droit pénal*, 2e édition, t. II, p. 301.

préventive; qu'elle a existé de tout temps chez tous les peuples; qu'il faut sacrifier la tête d'un coupable pour préserver dix innocents; que la peine des travaux forcés à perpétuité n'est pas suffisante pour remplacer la peine de mort, parce qu'elle laisse l'espoir de l'évasion.

Ses adversaires lui reprochent d'être *irréparable* et *inefficace*, c'est-à-dire de n'avoir aucune des qualités que la raison et l'intérêt social réclament. Qui peut dire qu'elle est nécessaire, disent-ils; depuis que le monde existe elle est appliquée; ne conviendrait-il pas de faire l'expérience de son abolition ? On objecte que son utilité se démontre par son ancienneté ; mais, s'il en est ainsi, pourquoi nous dépouillons-nous tous les jours de nos vieux préjugés, de toutes nos superstitions surannées? Qu'est-ce que le progrès, la civilisation?

« Que demandons-nous? s'écrie Livingston. Que vous abandonniez une expérience imperturbablement suivie depuis cinq ou six mille ans, modifiée de toutes les manières et sous toutes les formes qu'a pu inventer le génie de la cruauté dans tous les âges, et qui a toujours manqué son effet. Vous avez fait votre essai : il a été accompagné d'une dévastation incalculable de l'espèce humaine, d'une dégradation affligeante de l'entendement humain; il a été trouvé souvent fatal à l'innocence, fréquemment favorable aux criminels, toujours impuissant pour réprimer le crime. Vous avez, à votre gré et sans obstacle, poursuivi l'œuvre de la destruction, toujours témoins de la progression des crimes et toujours supposant qu'une progression de sévérité était le seul moyen de les réprimer. Mais, comment se fait-il que, n'apercevant, malgré tout nulle relâche dans la répétition, nulle diminution dans le nombre des crimes, il ne vous soit pas venu une seule fois dans l'esprit que la douceur pourrait réussir peut-être où avait échoué la sévérité? (1) »

La peine de mort est-elle exemplaire? Qui nous dit qu'elle jette l'effroi dans l'esprit des malfaiteurs? La pensée de celui qui tue pour voler n'est-elle pas absorbée par la perspective du bénéfice du vol, plutôt que par celle de la peine attachée au crime? Si la peine était sa principale préoccupation, cet individu ne reculerait-il pas aussi bien devant les travaux forcés que devant la mort?

Si l'exemple produit un effet salutaire, — ce qui n'est pas démontré, — il a aussi son mauvais côté bien certain dans cet affreux spectacle, que de la place de Grève on a transporté à la barrière Saint-Jacques, de la barrière Saint-Jacques à la place de la Roquette; qu'on donnait à midi avec grande et préalable publicité, et qu'on cherche à soustraire maintenant aux regards du public en choisissant pour le drame sanglant un lieu écarté et une des premières heures du jour.

---

(1) *Introductory report on a penal Code.*

Néanmoins, on dit que des hommes et des femmes, blasés sans doute, vont, en grand nombre, chercher des émotions dans ces spectacles atroces et sanglants, comme des têtes couronnées dans les courses, je veux dire les boucheries de taureaux, mais avec cette différence que l'animal au moins est libre dans l'arène pour se défendre, tandis que l'homme a les mains liées derrière le dos.

Que faut-il attendre de la sensibilité d'une femme que la vue du sang réjouit? Empêchera-t-elle son enfant de mutiler un hanneton, d'arracher les plumes d'un oiseau vivant, pour les tenir plus facilement captifs? Sera-t-elle touchée de la misère d'un vieillard ou des souffrances d'un infirme? Aura-t-elle mal à la poitrine, comme madame de Sévigné, quand sa fille toussera? Aimera-t-elle encore? le bourreau peut-être.

Les hommes imbus d'idées véritablement philosophiques doivent combattre de toute la force de leur conviction cette croyance sans fondement, que la peine de mort est indispensable pour notre sécurité. Que le gouvernement multiplie la police de sûreté; c'est facile sans grever le budget; il suffit de transformer cette légion occulte qui a mission de surveiller les honnêtes gens et de l'employer à surveiller plus attentivement les voleurs et les assassins.

On dit que les criminels seraient d'autant plus audacieux qu'ils auraient l'espérance de l'évasion après une condamnation aux travaux forcés à perpétuité. Mais ils ont à un bien plus haut degré l'espérance de n'être pas arrêtés, et la première de ces espérances n'est pas pour eux la plus séduisante des perspectives. D'ailleurs, que le gouvernement prenne des mesures efficaces pour empêcher les évasions, que les grâces soient rares et bien méritées, que la faveur, la protection n'exercent aucune influence sur ses décisions, et les travaux forcés ne tarderont pas à être plus redoutés que la mort.

Lors même que la peine de mort ne serait pas contraire aux lois de la justice morale, elle serait condamnée par les erreurs judiciaires. Malheureusement, ces erreurs, dont quelques-unes sont récentes, échappent à la religion de la magistrature, sans compter que au-dessous des magistrats se trouve une police qui égare quelquefois la justice en cherchant à faire du zèle jusque dans les affaires criminelles, dût la tête d'un innocent rouler sur l'échafaud. L'affaire Doise en est un exemple authentique et récent.

La société, d'ailleurs, a-t-elle le droit de disposer de la vie de ses membres. On a parlé de légitime défense ; mais la défense ne cesse-t-elle pas dès que l'ennemi est désarmé, et toute entreprise ultérieure de la part de la société n'est-elle pas offensive? Sans entrer dans des considérations plus étendues, nous pouvons dire que la peine de mort est réprouvée par l'opinion publique en général, et que chaque jour on en voit la preuve dans ces verdicts où le jury la repousse sous le prétexte de circonstances atténuantes.

Qu'on nous pardonne cette digression. Nous ne la

regretterons pas si elle a contribué à développer dans l'esprit de la jeunesse une idée philosophique dont l'humanité fera plus tard son profit.

« Art. 25. Aucune condamnation ne pourra être « exécutée les jours de fêtes nationales ou religieuses, « ni les dimanches. »

« Art. 26. L'exécution se fera sur l'une des places « publiques du lieu qui sera indiqué par l'arrêt de « condamnation. »

Aucune condamnation. Cette expression ne doit pas être prise à la lettre. S'il est certain que ce texte s'applique à la peine de mort, il n'est pas douteux que les autres condamnations ne puissent s'exécuter les jours de fête. Concevrait-on que le contumace ne pût pas être arrêté le dimanche? Voyez-vous ce vaurien affichant son outrecuidance devant les gendarmes désarmés par la solennité du jour!

Ces deux articles n'ont eu en vue que les condamnations à mort.

Ils s'appliquaient cependant aussi aux expositions publiques avant le décret du 12 avril 1848, qui les a supprimées.

« Art. 27. Si une femme condamnée à mort se « déclare, et s'il est vérifié qu'elle est enceinte, elle « ne subira la peine qu'après sa délivrance. »

La loi du 3 germinal an III, faite sous l'influence

d'un sentiment qui honore le législateur de cette époque, ne permettait même pas de mettre en jugement les femmes enceintes. On les détenait préventivement jusqu'à leur délivrance. Ce que la loi n'ordonne pas maintenant, l'humanité le suggérera, il faut l'espérer, au ministère public.

Il résulte de cet article que la femme qui se dit enceinte ne doit pas être crue sur parole, et que des vérifications peuvent être ordonnées.

« Art. 13. Le coupable condamné à mort pour « parricide sera conduit sur le lieu de l'exécution, « en chemise, nu-pieds, et la tête couverte d'un « voile noir.

« Il sera exposé sur l'échafaud pendant qu'un huis« sier fera au peuple lecture de l'arrêt de condam« nation, et il sera immédiatement exécuté à mort. »

La mort ne doit être que la *privation de la vie*, suivant le législateur de 1791. L'atrocité des supplices cumulés a disparu de nos lois. Le Code de 1810 (ancien art. 13) avait voulu que le parricide eût le poing droit coupé avant l'exécution. Le législateur de 1832 a supprimé ce luxe abominable de cruauté. C'est déjà trop de prolonger l'agonie du patient pendant la lecture de sa condamnation. Dans ces moments suprêmes la plus juste indignation peut se changer en pitié, et alors, même pour les partisans de la peine de mort, c'est un supplice en pure perte.

Écoutons Rossi, condamnant les atrocités accessoires des exécutions : « . . . . . . Supposons qu'on veuille partir du point le plus élevé. De tous les actes immoraux dont la justice sociale s'empare, quel est celui qui occupe le premier rang dans l'échelle des crimes? Le meurtre, surtout lorsqu'il est accompagné de circonstances aggravantes. Choisissez, si vous voulez, le plus horrible des meurtres, le parricide. Voilà le plus grand des crimes possibles dans l'ordre des faits immoraux dont la loi pénale s'occupe....

« Maintenant, en faisant abstraction de toute lo positive, qu'on demande au premier venu quelle est, parmi les peines qu'on peut infliger dans ce monde, la peine méritée par le parricide? il répondra : la plus grande des peines possibles.

« Si on demande ensuite la description de cette peine, on obtiendra trop souvent d'horribles réponses.

« On voudra que la mort soit précédée de mutilations, de tortures, d'épouvantables supplices. L'horreur, la colère, la vengeance, dicteront ses réponses, Le cri de la passion se mêlera à la voix de la conscience. De l'action combinée de ces éléments, on obtiendra un résultat mélangé, impur. C'est la raison qui, par son travail calme et réfléchi, doit séparer les parties hétérogènes, dégager la partie morale de la partie immorale, ce qui appartient à la conscience de tout ce que la vengeance et la haine y ont ajouté. Elle en ôtera la mutilation, les tourments, comme étant des faits illégitimes en soi, une cause de satisfaction haineuse et passionnée pour le public plus encore qu'une cause de souffrance pour le coupable, des faits qui, au lieu d'accroître la force morale de la justice, lui enlèvent son calme, sa dignité, et la ravalent en quelque sorte au rang d'un malfaiteur. Ce triage étant fait, restera la peine de mort (1). »

« Art. 14. Les corps des suppliciés seront délivrés « à leurs familles, si elles les réclament, à la charge « par elles de les faire inhumer sans aucun appa« reil. »

Le législateur ne veut pas que la famille cherche à réhabiliter par les honneurs de la sépulture la mémoire de celui que la justice a flétri.

2° *Travaux forcés à perpétuité.*
3° *Travaux forcés à temps.*

« Art. 15. Les hommes condamnés aux travaux « forcés seront employés aux travaux les plus péni« bles ; ils traîneront à leurs pieds un boulet ou se« ront attachés deux à deux avec une chaîne, lors« que la nature du travail auquel ils seront employés « le permettra. »

« Art. 19. La condamnation à la peine des travaux « forcés à temps sera prononcée pour cinq ans au « moins, et vingt ans au plus. »

---

(1) *Traité de droit pénal,* t. II, p. 255.

Les travaux forcés ont remplacé la peine des *fers*, qui avait elle-même remplacé celle des *galères*.

La peine des galères était ainsi nommée parce qu'elle était subie autrefois sur des navires ou galères, d'où est venu le nom de galérien qu'on applique vulgairement encore aux condamnés aux travaux forcés.

D'après l'ordonnance de 1670 la peine des galères était perpétuelle ou temporaire, comme les travaux forcés d'aujourd'hui, sauf une différence de temps dans le dernier cas.

Après leur condamnation, les galériens enchaînés étaient conduits au port qui leur était destiné. Là, ils étaient visités, et ceux qui étaient reconnus invalides étaient enfermés dans des prisons spéciales; les autres étaient placés dans la partie du navire nommée *chiourme*, sous la surveillance d'un *argousin* et de dix *compagnons*. Ils étaient soumis à une discipline rigoureuse jusqu'à l'inhumanité.

A cette peine succéda celle des *fers*, en 1791. La loi qui l'établit portait que les condamnés seraient employés à des *travaux forcés* au profit de l'État. Elle ne pouvait être perpétuelle en aucun cas, sa durée était fixée, au *maximum*, à vingt-quatre ans.

Le Code de 1810 adopte la dénomination de *travaux forcés* et décide que cette peine sera perpétuelle ou temporaire.

Longtemps elle a été subie dans les *bagnes* établis dans les ports de mer (1).

Le Code pénal de 1810 avait remis en vigueur l'ancien usage (aboli en 1791) de marquer les condamnés. L'art. 20 était ainsi conçu : « Quiconque aura été condamné à la peine des travaux forcés à perpétuité sera flétri, sur la place publique, par l'application d'une empreinte, avec un fer brûlant, sur l'épaule droite.

« Les condamnés à d'autres peines ne subiront la flétrissure que dans le cas où la loi l'aurait attachée à la peine qui leur est infligée. Cette empreinte sera des lettres T. P. pour les coupables condamnés aux travaux forcés à perpétuité ; de la lettre T. pour les coupables condamnés aux travaux forcés à temps, lorsqu'ils devront être flétris. La lettre F. sera ajoutée dans l'empreinte si le coupable est un faussaire. »

La loi de révision de 1832 a supprimé cette flétrissure qui rendait le repentir stérile et le droit de grâce impuissant.

Depuis longtemps la peine des travaux forcés dans les bagnes était l'objet de sérieuses critiques. La loi du 30 mai 1854 en a changé le mode d'exécution.

Les travaux forcés sont maintenant subis dans les établissements créés par décrets de l'Empereur, sur le territoire des colonies françaises, autres que l'Al-

---

(1) Ce mot viendrait-il de *balneum*, bain, parce que, autrefois en Italie, de vieux bâtiments qui avaient été utilisés pour les bains auraient servi de prison pour les condamnés aux travaux forcés ?

gérie, en fait, à Cayenne, qui présente l'inconvénient fort grave d'un climat insupportable pour des Européens.

Les condamnés sont employés aux travaux les plus pénibles de la colonisation et à tous autres travaux d'utilité publique.

Ils peuvent être enchaînés deux à deux ou assujettis à traîner le boulet, mais à titre de punition disciplinaire ou par mesure de sûreté seulement, tandis que dans les bagnes, c'était une règle ordinaire (art. 15 du Code pénal).

Aux termes de l'art. 6 de la loi du 30 mai 1854, les individus condamnés à moins de huit années de travaux forcés, sont tenus, à l'expiration de leur peine, de résider dans la colonie pendant un temps égal à la durée de leur condamnation. Les individus condamnés à huit années et au-dessus sont tenus d'y résider pendant toute leur vie. C'est un surcroît de peine qui, à ce titre, n'a pas dû s'appliquer aux condamnations prononcées pour crimes commis avant la promulgation de la loi, conformément au principe de la non-rétroactivité. Le cas est d'ailleurs expressément prévu par l'art. 15.

La grâce n'emporte pas de plein droit la dispense de résider. Il faut que cette dispense soit l'objet d'une disposition particulière.

Le libéré peut cependant obtenir du gouverneur de la colonie l'autorisation de s'absenter momentanément, pourvu que ce ne soit pas pour se rendre en France.

Tout libéré coupable d'avoir quitté la colonie sans autorisation, ou d'avoir dépassé le délai fixé par l'autorisation, est puni d'un an à trois ans de travaux forcés. La durée de cette peine déroge à la règle de l'art. 19 du Code pénal.

Quant aux condamnés à perpétuité, coupables d'évasion et repris, ils sont mis à la double chaîne pendant deux ans aux moins et cinq ans au plus.

Les infractions que nous venons de faire connaître sont jugées par un tribunal maritime spécial établi dans la colonie, et, à défaut, par un Conseil de guerre auquel sont adjoints deux officiers du commissariat de la marine.

Les condamnés qui se rendent dignes d'indulgence par leur bonne conduite, leur travail et leur repentir peuvent obtenir : 1° l'autorisation de travailler, aux conditions déterminées par l'administration, soit pour les habitants de la colonie, soit pour les administrations locales ; 2° une concession de terrain et la faculté de le cultiver pour leur propre compte ; mais cette concession ne peut devenir définitive qu'après la libération du condamné.

Les condamnés aux travaux forcés à temps peuvent obtenir l'exercice, dans la colonie, des droits civils ou de quelques-uns de ces droits dont ils sont privés par leur état d'interdiction légale.

« Art. 72. Tout condamné à la peine des travaux « forcés à perpétuité ou à temps, dès qu'il aura « atteint l'âge de soixante-dix ans accomplis, en

« sera relevé, et sera renfermé dans la maison de « force pour tout le temps à expirer de sa peine, « comme s'il n'eût été condamné qu'à la réclu- « sion. »

Cet article est abrogé maintenant. Aux termes de l'article 5 de la loi du 30 mai 1854, les peines des travaux forcés à perpétuité et des travaux forcés à temps ne peuvent être prononcées contre aucun individu âgé de soixante ans accomplis au moment de l'arrêt; elles doivent être remplacées par celle de la réclusion, soit à perpétuité, soit à temps, selon la durée de la peine qu'elle remplace.

« Art. 16. Les femmes et les filles condamnées aux « travaux forcés n'y seront employées que dans l'in- « térieur d'une maison de force. »

Aux termes de l'article 4 de la loi du 30 mai 1854, les femmes condamnées aux travaux forcés peuvent être conduites dans un des établissements créés aux colonies; elles doivent être séparées des hommes et employées à des travaux en rapport avec leur âge et avec leur sexe.

4° *La déportation.*

« Art. 17. (Ainsi rectifié: Loi du 9 septembre 1835.) « La peine de la déportation consistera à être trans- « porté et à demeurer à perpétuité dans un lieu déter-

« miné par la loi, hors du territoire continental du « royaume.

« Si le déporté rentre sur le territoire du royaume, « il sera, sur la seule preuve de son identité, con- « damné aux travaux forcés à perpétuité.

« Le déporté qui ne sera pas rentré sur le territoire « du royaume, mais qui sera saisi dans les pays occu- « pés par les armées françaises, sera conduit dans « le lieu de sa déportation.

« Tant qu'il n'aura pas été établi un lieu de dépor- « tation, le condamné subira à perpétuité la peine « de la détention, soit dans une prison du royaume, « soit dans une prison située hors du territoire conti- « nental, dans l'une des possessions françaises, qui « sera déterminée par la loi, selon que les juges « l'auront expressément décidé par l'arrêt de con- « damnation.

« Lorsque les communications seront interrompues « entre la métropole et le lieu de l'exécution de la « peine, l'exécution aura lieu provisoirement en « France. »

On distingue deux espèces de déportation : la *déportation simple* et la *déportation dans une enceinte fortifiée*. Elles sont prononcées généralement pour délits politiques.

La première est celle qu'avait prévue l'article 17 du Code pénal; la seconde a été créée par la loi du 8 juin 1850, pour remplacer la peine de mort en matière politique, abolie par un décret du Gouvernement provisoire, confirmé par l'article 5 de la Constitution de 1848.

La déportation simple s'exécute dans la vallée de Taïohaé, d'une étendue de 1,800 hectares, située dans l'île de Nouka-Hiva, l'une des Marquises.

L'article 17 du Code pénal, sauf le quatrième paragraphe, est encore en vigueur; la loi de 1850 règle l'application de la peine et désigne le lieu de la déportation.

La déportation dans une enceinte fortifiée remplace, nous venons de le dire, la peine de mort en matière politique. Elle est plus rigoureuse que la déportation simple; les condamnés, sans être enfermés dans une citadelle ou dans une prison, ne peuvent pas se mouvoir dans une enceinte aussi vaste que les condamnés à la déportion simple; mais ils doivent jouir de toute la liberté compatible avec la nécessité d'assurer la garde de leur personne.

La déportation dans une enceinte fortifiée s'exécute dans la vallée de Waïthau, dans l'île de Tahuta, aux Marquises, d'une étendue de 800 hectares environ.

5° *Détention.*

« Art. 20. Quiconque aura été condamné à la dé-
« tention sera renfermé dans l'une des forteresses
« situées sur le territoire continental du royaume,
« qui auront été déterminées par une ordonnance du

« roi rendue dans la forme des règlements d'admi-
« nistration publique.

« Il communiquera avec les personnes placées « dans l'intérieur du lieu de la détention ou avec « celles du dehors, conformément aux règlements de « police établis par une ordonnance du roi.

« La détention ne peut être prononcée pour moins « de cinq ans, ni pour plus de vingt ans, sauf le cas « prévu par l'article 33. »

Cette peine a été introduite dans le Code pénal par la loi de révision de 1832. Elle s'applique, en général, aux faits commis sous le nom de *crimes* politiques. Son *minimum* est de cinq ans; son *maximum* de vingt ans. Elle s'exécute dans la citadelle de Doullens et dans celle de Belle-Ile-en-Mer.

Les condamnés peuvent communiquer entre eux et avec les personnes du dehors en se soumettant aux règlements sur les heures des visites.

Les *règlements d'administration* sont des décrets rendus par l'Empereur sur l'avis du Conseil d'État.

L'*ordonnance* du roi se nomme aujourd'hui *décret* de l'Empereur. Une ordonnance dans la forme des règlements d'administration publique est donc maintenant un décret rendu sur l'avis du Conseil d'État.

6° *Réclusion.*

« Art. 21. Tout individu de l'un ou l'autre sexe,

« condamné à la peine de la réclusion, sera renfermé « dans une maison de force, et employé à des tra- « vaux dont le produit pourra être en partie appliqué « à son profit, ainsi qu'il sera réglé par le gouverne- « ment.

« La durée de cette peine sera au moins de cinq « années, et de dix ans au plus. »

C'est une peine afflictive et infamante, temporaire comme la détention, dont elle diffère sous plusieurs rapports;

1° Le *maximum* de la réclusion est de dix ans;

Celui de la détention de vingt ans.

Sous ce rapport, la détention est une peine plus sévère;

2° Les reclus sont assujettis au travail;

Les détenus ne peuvent y être contraints;

3° Les reclus sont soumis à un régime très-rigoureux; ils ont besoin de permissions spéciales, qui ne sont pas fréquemment accordées, pour communiquer avec les personnes de l'extérieur.

Les détenus, au contraire, ont un régime relativement doux; nous avons déjà dit qu'ils pouvaient recevoir les visites de leurs parents et amis sans autorisation spéciale;

4° La réclusion punit les délits de droit commun;

La détention, au contraire, s'applique à des faits qui, dans l'opinion publique, ne portent pas atteinte à l'honneur, bien que la loi les considère comme crimes.

La réclusion ne doit pas être confondue avec l'emprisonnement, dont nous parlerons bientôt. La réclusion est une peine afflictive et infamante; l'emprisonnement n'est qu'une peine correctionnelle.

7° *Bannissement.*

« Art. 32. Quiconque aura été condamné au ban-
« nissement sera transporté, par ordre du gouverne-
« ment, hors du territoire du royaume.
« La durée du bannissement sera au moins de cinq
« années, et de dix ans au plus.
« Art. 33. Si le banni, avant l'expiration de sa
« peine, rentre sur le territoire du royaume, il sera,
« sur la seule preuve de son identité, condamné à la
« détention pour un temps au moins égal à celui qui
« restait à courir jusqu'à l'expiration du bannisse-
« ment, et qui ne pourra excéder le double de ce
« temps. »

C'est une peine infamante seulement, comme la dégradation civique. Elle dure cinq ans au moins, dix ans au plus.

Bannissement vient de *ban*, qui signifie proclamation, parce qu'autrefois on proclamait devant le peuple assemblé les noms des individus qu'on expulsait du territoire. C'est une peine rarement appliquée,

Elle est très-inégale en ce que les proscrits s'éloignent de leur pays avec une peine plus ou moins sentie. Pour certains, c'est une peine nulle; pour d'autres, au contraire, elle est accablante. On a vu des proscrits braver les plus grands dangers pour aller respirer l'air du pays. « On n'emporte pas la patrie avec la semelle de ses souliers, » disait le révolutionnaire Danton. Exilé à la suite de ce qu'on a nommé le *coup d'État*, un représentant du peuple, dont la mémoire est chère à la démocratie, James Demontry, est mort de nostalgie en Allemagne.

Il ne faut pas confondre le bannissement, peine légale, avec ces expulsions du territoire sans jugement, qui ont eu lieu à la suite du coup susdit, et dont les exemples sont trop nombreux pour être comptés, de même qu'il ne faut pas confondre la déportation avec la *transportation* politique. En ce temps de progrès, il faut toujours s'attendre à quelqu'invention.

8° *Dégradation civique.*

« Art. 34. La dégradation civique consiste :

« 1° Dans la destitution et l'exclusion des condam-
« nés de toutes fonctions, emplois ou offices publics;

« 2° Dans la privation du droit de vote, d'élection,
« d'éligibilité, et en général de tous les droits civi-
« ques et politiques, et du droit de porter aucune
« décoration;

« 3° Dans l'incapacité d'être juré expert, d'être em-
« ployé comme témoin dans des actes, et de déposer
« en justice autrement que pour y donner de simples
« renseignements;

« 4° Dans l'incapacité de faire partie d'aucun conseil
« de famille, et d'être tuteur, curateur, subrogé-tu-
« teur ou conseil judiciaire, si ce n'est de ses pro-
« pres enfants, et sur l'avis conforme de la famille;

« 5° Dans la privation du droit de port d'armes, du
« droit de faire partie de la garde nationale, de servir
« dans les armées françaises, de tenir école, ou d'en-
« seigner et d'être employé dans aucun établissement
« d'instruction, à titre de professeur, maître ou sur-
« veillant. »

Cette peine, comme le bannissement, frappe l'homme dans ses droits et dans sa considération, sans atteindre sa personne physique; en un mot, elle est infamante sans être afflictive en même temps. Elle emporte déchéance, aux termes de l'article 34, de tous les droits politiques, de plusieurs des droits publics et de certains droits de famille.

Elle prive de la *jouissance* des droits, c'est-à-dire qu'elle en détruit l'existence chez celui qu'elle frappe, à la différence de l'interdiction légale qui n'en paralyse que l'exercice.

Elle est tantôt peine principale, tantôt peine accessoire. Dans le premier cas, le juge, organe de la loi, *condamne* l'accusé à la dégradation civique.

Dans le second cas, le juge n'a pas besoin de la prononcer; elle est la conséquence d'une autre peine.

Les peines qui ont pour conséquence la dégradation civique sont : 1° les travaux forcés à temps; 2° la détention; 3° la réclusion; 4° le bannissement.

Elle résulte aussi des peines afflictives perpétuelles, avec un surcroît d'incapacité dont nous nous occuperons bientôt.

La dégradation est indéfinie dans sa durée.

Quand elle est l'accessoire des travaux forcés, le condamné peut être relevé d'une partie des déchéances qu'elle prononce. Le gouvernement, dit l'art. 12 de la loi du 30 mai 1854, pourra accorder aux libérés l'exercice, dans la colonie, des droits dont ils sont privés par les 3e et 4e paragraphes de l'art. 34 du Code pénal.

Le Code de 1791 avait entouré d'une grande solennité l'exécution de cette peine. L'art. 31 du titre Ier était ainsi conçu : « Le coupable qui aura été condamné à la peine de la dégradation civique sera conduit au milieu de la place publique où siége le tribunal criminel qui l'aura jugé. Le greffier du tribunal lui adressera ces mots à haute voix : *Votre pays vous a trouvé convaincu d'une action infâme, la loi et le tribunal vous dégradent de la qualité de citoyen français*. Le condamné sera ensuite mis au carcan au milieu de la place publique; il y restera pendant deux heures exposé aux regards du peuple. Sur un écriteau seront tracés en gros caractères ses noms, son domicile, sa profession, le crime qu'il a a commis et le jugement rendu contre lui. »

Tout cet appareil est maintenant supprimé.

On a critiqué avec raison l'art. 34 du Code pénal. On a dit qu'il accordait quelquefois des dispenses au lieu de punir. Un dégradé civiquement ne regrettera pas toujours le service de la garde nationale, par exemple; encore moins peut-être l'aptitude au service militaire. Quelquefois cet article porte à faux; ainsi, le dégradé ne peut pas témoigner en justice; il semblerait que le législateur ne s'est pas aperçu qu'il frappait celui qui a besoin du témoignage et non celui qui le donne. Est-ce à dire que le dégradé civiquement est toujours indigne de servir son pays ou de témoigner en justice? Il y a des cas où la dégradation frappe un individu qui peut être fort honnête homme. Ainsi le fonctionnaire qui commet un excès de pouvoir en faisant procéder, par exemple, à une arrestation sans en avoir le droit, est très-répréhensible sans doute, mais il ne cesse pas d'être digne de foi dans un témoignage sur un intérêt privé.

« Art. 35. Toutes les fois que la dégradation civi-
« que sera prononcée comme peine principale, elle

« pourra être accompagnée d'un emprisonnement « dont la durée, fixée par l'arrêt de condamnation, « n'excédera pas cinq ans.

« Si le coupable est un étranger ou un Français « ayant perdu la qualité de citoyen, la peine de l'em- « prisonnement devra toujours être prononcée. »

Le législateur a prévu que la dégradation prononcée comme peine principale serait, dans certains cas, sans efficacité, et il a décidé que l'emprisonnement pourrait l'accompagner. Lorsqu'elle est prononcée contre un Français ayant perdu sa qualité de citoyen ou contre un étranger, l'emprisonnement *doit* être prononcé.

DEUXIÈME SECTION

Des peines en matière correctionnelle

1° *Emprisonnement.*

« Art. 9. Les peines en matière correctionnelle « sont :

« 1° L'emprisonnement à temps dans un « lieu de correction;

« 2° L'interdiction à temps de certains droits « civiques, civils ou de famille;

« 3° L'amende. »

« Art. 40. Quiconque aura été condamné à la « peine d'emprisonnement sera renfermé dans une « *maison de correction;* il y sera employé à l'un « des travaux établis dans cette maison, selon son « choix.

« La durée de cette peine sera au moins de six « jours, et de cinq années au plus; sauf les cas de « récidive ou autres où la loi aura déterminé d'autres « limites.

« La peine à un jour d'emprisonnement est de « vingt-quatre heures;

« Celle à un mois est de trente jours. »

« Art. 41. Les produits du travail de chaque détenu « pour délit correctionnel seront appliqués partie « aux dépenses communes de la maison, partie à lui « procurer quelques adoucissements, s'il les mérite, « partie à former pour lui, au temps de sa sortie, un « fonds de réserve; le tout ainsi qu'il sera ordonné « par des règlements d'administration publique. »

Le *minimum* de l'emprisonnement correctionnel est de six jours, le *maximum* de cinq ans; mais il ne faut pas croire que le juge ait le droit de se mouvoir entre six jours et cinq ans. La loi détermine pour chaque délit la durée de la peine. Dans tel cas, elle fixe, par exemple, un minimum d'un an et un maximum de deux ans, dans tel autre un minimum de trois mois et un maximum de deux ans, etc.

Nous verrons, en outre, que la récidive élève le maximum et que les circonstances atténuantes, au contraire, peuvent abaisser le minimum.

Il n'y a pas de maisons spéciales de correction. Les condamnés subissent leur peine dans les maisons de force affectées aux condamnés à la réclusion. Mais les prisonniers des deux catégories doivent être séparés. Cette séparation, malheureusement, ne paraît pas avoir toujours lieu, et c'est une grande cause de dépravation. Toutefois, les individus dont la peine n'excède pas une année sont retenus dans les maisons d'arrêt (1).

2° *Privation de certains droits.*

« Art. 42. Les tribunaux jugeant correctionnelle-
« ment pourront, dans certains cas, interdire, en
« tout ou en partie, l'exercice des droits civiques,
« civils et de famille suivants :

« 1° De vote et d'élection;

« 2° D'éligibilité;

« 3° D'être appelé ou nommé aux fonctions
« de juré ou autres fonctions publiques, ou
« aux emplois de l'administration, ou d'exercer
« ces fonctions ou emplois;

« 4° Du port d'armes;

« 5° De vote et de suffrage dans les délibé-
« rations de famille;

« 6° D'être tuteur, curateur, si ce n'est de
« ses enfants et sur l'avis seulement de la
« famille;

« 7° D'être expert ou employé comme
« témoin dans les actes;

« 8° De témoignage en justice, autrement
« que pour y faire de simples déclarations. »

« Art. 43. Les tribunaux ne prononceront l'in-
« terdiction mentionnée dans l'article précédent, que

---

(1) Ordonnance du 2 septembre 1817.

« lorsqu'elle aura été autorisée ou ordonnée par une « disposition particulière de la loi. »

Il existe plusieurs différences entre cette peine et celle de la dégradation civique :

1° Les tribunaux correctionnels *peuvent* (1) ou *doivent* (2), dans certains cas, interdire l'exercice des droits ou seulement d'un ou de quelques-uns des droits énumérés dans l'art. 42.

La dégradation civique emporte, au contraire, la privation de tous les droits énumérés dans l'art. 34; elle n'est pas divisible;

2° Les interdictions de l'art. 42 ne peuvent être prononcées que dans les cas prescrits ou autorisés par la loi.

La dégradation civique existe comme peine principale et comme peine accessoire, c'est-à-dire comme conséquence d'une autre peine;

3° Les interdictions prononcées par les tribunaux correctionnels sont ordinairement temporaires.

La dégradation civique est perpétuelle.

4° La privation des droits est une peine correctionnelle.

La dégradation civique est une peine infamante. En conséquence, le conjoint du condamné peut s'en servir comme fondement d'une demande en séparation de corps (art. 232 et 306 du Code Nap.).

---

(1) Notamment dans les art 401, 405, 410 du Code pénal.

(2) Art. 123, 187, 197, etc., du Code pénal.

3° *Amende.*

Amende vient de *amendare*, corriger.

Les amendes sont des peines usitées chez tous les peuples.

Les Romains les connaissaient.

Les Germains et les Francs rachetaient leurs crimes au moyen de prestations pécuniaires.

Notre ancienne jurisprudence distinguait l'*amende pécuniaire*, qui a été conservée, et l'*amende honorable*, qui consistait dans une manifestation publique de repentir, une demande de pardon, une humiliation.

L'amende profite ordinairement au Trésor; cependant les lois les attribuent quelquefois, en tout ou en partie, aux communes, aux établissements publics et même aux particuliers. Ainsi, en matière de délits de chasse, elles entrent pour partie dans la caisse communale et pour partie elles profitent aux gardes ou aux gendarmes qui ont dressé le procès-verbal (art. 19 de la loi du 3 mai 1844). Aux termes de l'article 14 de la loi du 13 août 1850, sur les logements insalubres, les amendes sont attribuées en entier au bureau ou établissement de bienfaisance de la localité où sont situées les habitations à l'occasion desquelles les amendes ont été prononcées. D'après la loi du 13 fructidor an V, relative à la fabrication et à la vente des poudres et salpêtres, le tiers des amendes appartient aux dénonciateurs.

Les lois qui encouragent la délation manquent de moralité. On comprend qu'un homme qui voit commettre un assassinat arrête ou fasse arrêter l'assassin, mais on ne peut avoir que du mépris pour celui qui dénonce des faits que l'opinion publique ne flétrit pas. Si cet individu n'est pas dans la police, il est digne d'y être.

Souvent le taux de l'amende est déterminé par un *minimum* et un *maximum*; quelquefois il est fixe. Il arrive même que la loi ne fait connaître que le *maximum*, comme dans le cas de l'art. 50 du Code civil, ou même le *minimum*; mais la jurisprudence considère ce minimum comme une amende fixe.

Notre ancienne législation divisait les amendes, comme les autres peines en général, en fixes et arbitraires. La quotité des amendes arbitraires n'était pas déterminée par la loi. Le juge la fixait, en ayant égard à la gravité du délit et à la fortune du délinquant. C'était assurément un moyen de proportionner la peine au châtiment, mais les abus en étaient inséparables, et elles ont été abolies. Elles existent encore dans certains pays, notamment en Angleterre, en Autriche et au Brésil.

Nos lois pénales ont adopté le système des amendes fixes, car, par opposition aux amendes arbitraires, il faut considérer comme fixes même celles dont le taux peut varier entre un maximum et un minimum.

Ce système ne présente pas l'inconvénient des

amendes arbitraires, mais il est souvent inefficace et contraire à la vraie justice. Telle amende, en effet, prononcée contre un individu riche peut être illusoire, tandis qu'elle est très-onéreuse quand elle frappe un individu peu aisé. Ajoutons, et c'est un grand défaut, qu'elle n'est pas essentiellement personnelle, car elle frappe souvent la famille du condamné et réduit à la misère les enfants et les femmes, surtout lorsque l'emprisonnement vient s'ajouter à l'amende et priver une famille du travail de son chef.

Du principe que l'amende est une peine, il faut tirer la conséquence qu'elle n'est pas garantie par la responsabilité civile de l'art. 1384. Des lois spéciales ont créé cependant quelques exceptions à cette règle. Ainsi, aux termes de la loi des 6-22 août 1791, sur les douanes, les propriétaires des marchandises sont responsables du fait de leurs facteurs, agents et serviteurs, en ce qui concerne les droits, confiscations, *amendes* et dépens.

Du principe que l'amende est une peine, il faut encore tirer la conséquence qu'elle ne peut pas être prononcée contre les héritiers de celui qui l'a encourue.

Mais le recouvrement peut-il en être poursuivi contre les héritiers du condamné?

Il y a controverse sur ce point.

Selon certains auteurs, dont l'intention est louable, parce qu'elle est fondée en morale, le payement de l'amende ne peut pas plus être poursuivi contre les héritiers du condamné que l'emprisonnement.

Selon d'autres, le recouvrement de l'amende peut être poursuivi contre les héritiers. Il y a, disent-ils, une grande différence entre une amende encourue et une amende prononcée. Dès qu'elle est prononcée, et que la condamnation est irrévocable, elle devient une dette de la succession. Or, les héritiers ne peuvent prendre les biens sans les dettes. Si les autres condamnations pénales ne sont pas soumises à cette règle, c'est que leur nature ne s'y prête pas. On ajoute, enfin, que le Conseil d'État avait entendu l'art. 9 en ce sens. Merlin s'était expliqué sur ce point et Cambacérès avait ajouté : « L'explication de M. Merlin, étant consignée dans le procès-verbal, lèvera tous les doutes et fixera le sens de l'article. Il sera bien entendu que le jugement qui prononce l'amende recevra son exécution nonobstant la mort du condamné. »

Après une déclaration aussi nette, il est bien difficile de faire une concession à un sentiment d'humanité, quelque désirable qu'elle soit.

Les art. 52 et 53 concernent le recouvrement des condamnations pécuniaires.

« Art. 52. l'exécution des condamnations à l'a-
« mende, aux restitutions, aux dommages-intérêts et
« aux frais, pourra être poursuivie par la voie de
« la contrainte par corps. »

« Art. 53. Lorsque des amendes et des frais seront « prononcés au profit de l'État, si, après l'expiration « de la peine afflictive ou infamante, l'emprisonne- « ment du condamné, pour l'acquit de ces condam- « nations pécuniaires, a duré une année complète, il « pourra, sur la preuve acquise par les voies de « droit, de son absolue insolvabilité, obtenir sa li- « berté provisoire.

« La durée de l'emprisonnement sera réduite à « six mois s'il s'agit d'un délit, sauf, dans tous les « cas, à reprendre la contrainte par corps, s'il sur- « vient au condamné quelque moyen de solvabilité. »

« Art. 54. En cas de concurrence de l'amende « avec les restitutions et les dommages-intérêts, sur « les biens insuffisants du condamné, ces dernières « condamnations obtiendront la préférence. »

« Art. 197 du *Code d'instr. crim.* Le jugement « sera exécuté à la requête du procureur du roi et de « la partie civile, chacun en ce qui le concerne.

« Néanmoins les poursuites pour le recouvrement « des amendes et confiscations seront faites, au nom « du procureur du roi, par le directeur de la régie « des droits d'enregistrement et domaines. »

Les moyens de contraindre un débiteur à payer sont relatifs aux biens ou à la personne.

La coercition sur les biens est de règle générale.

La coercition contre la personne, ou *contrainte par corps*, est exceptionnelle.

Notre matière est une de celles dans lesquelles le législateur l'a autorisée.

L'art 53 a été modifié par les lois du 17 avril 1832, art. 33 à 41, et 13 décembre 1848, art. 8, sur la contrainte par corps.

Aux termes de l'art. 35 de la loi du 17 avril 1832, les condamnés qui justifient de leur insolvabilité suivant le mode prescrit par l'article 420 du Code d'instruction criminelle, doivent être mis en liberté, après un délai de 15 jours à 4 mois, et qui, maintenant, est de 15 jours à 3 mois, d'après l'article 8 de la loi du 13 décembre 1848.

Lorsque le débiteur ne fait pas les justifications prescrites par l'article 420 du Code d'instruction criminelle, la durée de l'emprisonnement est double.

L'article 420 exige :

1° Un extrait du rôle des contributions constatant que le contraignable paie moins de 6 francs, ou un certificat de percepteur qu'il n'est point imposé ;

2° Un certificat d'indigence délivré par le maire, visé par le sous-préfet et approuvé par le préfet.

« Art. 55. Tous les individus condamnés pour un « même crime ou pour un même délit seront tenus « solidairement des amendes, des restitutions, des « dommages-intérêts et des frais. »

Par une singulière influence de l'ancien droit, les condamnés par suite d'un même délit ou d'un même crime sont tenus solidairement des condamnations pécuniaires. La loi pénale n'admet pas, en général, cette société, cette communauté dans les peines, malgré la société qui a existé entre les auteurs du fait punissable. En principe, les châtiments sont personnels. La science pure n'admet pas plus la solidarité dans l'amende que dans l'emprisonnement. Mais le législateur du Code pénal, nous le répétons, regardait bien moins à frapper droit qu'à frapper fort.

Pour justifier cette anomalie, on dit que l'amende payée par un des condamnés retombe, en partie, sur les autres par le recours qu'il peut exercer contre eux. Ce n'est qu'une avance qu'il peut recouvrer. Au contraire, l'emprisonnement, par sa nature, ne saurait se prêter à cette sorte de recours.

Cette explication, la seule possible, n'est pas, il faut en convenir, très-satisfaisante, puisque l'insolvabilité d'un condamné peut rendre tout recours illusoire et que la pénalité dépasse alors la prévision du législateur.

La solidarité dans les amendes, étant une dérogation aux principes du droit civil et criminel, ne doit pas s'étendre aux cas non prévus. En conséquence, la disposition de l'art. 55 du Code pénal, relative seulement aux *crimes* et *délits*, ne doit pas être étendu aux *contraventions*.

Par application du même principe, nous dirons que la solidarité n'aura lieu qu'entre les individus condamnés à raison du *même fait :* il ne suffira pas, en

conséquence, que ces individus soient *poursuivis ensemble* si ce n'est pas à raison du *même fait.*

Nous dirons encore que les individus coupables du même fait ne peuvent pas être condamnés solidairement s'ils ne sont pas jugés ensemble. On ne comprendrait pas que la peine prononcée contre un individu fût modifiée plus tard par un jugement dans lequel il n'aurait pas figuré. Le jugement qui condamne constitue un droit acquis, d'ailleurs, aussi bien que celui qui prononce un acquittement. Mais il n'est pas nécessaire que les condamnations soient identiques; ainsi deux individus condamnés l'un à 500, l'autre à 1,000 fr. d'amende, peuvent être solidaires aussi bien que s'ils étaient condamnés chacun à 500 fr. ou à 1,000 fr., sauf à s'arranger ensuite ensemble, si l'un a payé pour l'autre.

TROISIÈME SECTION

Des peines de simple police

Des peines de simple police.

« Art. 464. Les peines de police sont :

« L'emprisonnement,

« L'amende,

« Et la confiscation de certains objets saisis. »

« Art. 465. L'emprisonnement, pour contravention de police, ne pourra être moindre d'un jour, ni excéder cinq jours, selon les classes, distinctions et cas ci-après spécifiés.

« Les jours d'emprisonnement sont des jours complets de vingt-quatre heures. »

« Art. 466. Les amendes pour contravention pourront être prononcées depuis un franc jusqu'à quinze francs inclusivement, selon les distinctions et classes ci-après spécifiées, et seront appliquées au profit de la commune où la contravention aura été commise. »

« Art. 467. La contrainte par corps a lieu pour le payement de l'amende.

« Néanmoins le condamné ne pourra être, pour cet « objet, détenu plus de quinze jours, s'il justifie de « son insolvabilité. »

« Art. 468. En cas d'insuffisance des biens, les res- « titutions et les indemnités dues à la partie lésée « sont préférées à l'amende. »

Le Code pénal divise les contraventions en trois classes :

Celles de la première sont punies d'amende depuis un franc jusqu'à cinq francs.

Dans cette classe rentrent les contraventions aux règlements et arrêtés de l'autorité administrative, notamment des préfets et des maires, dans le cas où la loi n'a pas prononcé une sanction spéciale (art. 471 du Code pénal n° 15).

Le juge de simple police ne prononce la peine qu'autant que le fonctionnaire public avait le droit de faire le règlement ou l'arrêté, car le n° 15 de l'art. 471 du Code pénal ne sanctionne que les arrêtés et règlements *légalement faits.* Ce serait, suivant certains auteurs, une dérogation au principe de la séparation des pouvoirs qui ne permet pas à l'autorité judiciaire de contrôler les actes de l'administration.

Celles de la seconde classe sont punies d'une amende de six à dix francs (art. 475 et suiv.).

Celles de la troisième sont punies d'une amende de onze à quinze francs.

QUATRIÈME SECTION

Des peines accessoires

Les peines accessoires sont la dégradation civique, l'interdiction légale, la surveillance de la haute police, la privation de certains droits et la confiscation spéciale.

La mort civile et l'exposition publique sont abolies.

On dit qu'elles sont accessoires en ce sens qu'elles supposent l'existence d'une peine plus grave.

1° *Dégradation civique.*

« Art. 28. La condamnation à la peine des tra-
« vaux forcés à temps, de la détention, de la réclu-
« sion ou du bannissement, emportera la dégrada-
« tion civique. La dégradation civique sera encourue
« du jour où la condamnation sera devenue irrévo-
« cable, et, en cas de condamnation par contumace,
« du jour de l'exécution par effigie. »

De disposer par donation ou par testament, et de recevoir, si ce n'est à titre d'aliments ;

D'être tuteur, subrogé-tuteur ou membre d'un conseil de famille;

De se marier; et s'il était marié, à l'époque où il avait encouru la mort civile, son mariage était dissous;

Il ne pouvait paraître en justice, dans les affaires civiles qui l'intéressaient, que par l'intermédiaire d'un curateur nommé par le Tribunal.

La mort civile a été supprimée parce qu'elle était souvent sans effets efficaces contre celui qui l'avait encourue, et par conséquent, sans profit social (qu'importe, en effet, une peine accessoire pour celui qui est condamné à mort, aux travaux forcés à perpétuité ou à la déportation) et que, frappant à faux, elle avait pour la famille du mort civilement des effets aussi rigoureux qu'immérités. Elle brisait le mariage et frappait ainsi du même coup le condamné et son conjoint. Supposez que le conjoint ne se crut pas affranchi par un arrêt de la justice humaine des devoirs que lui imposait son mariage ou son affection, et qu'il continuât la vie commune après la prescription de la peine ou la grâce du condamné, cette union n'était, devant la loi, qu'un concubinat, et les enfants qui en provenaient ne pouvaient être que des enfants naturels. Qu'on se rappelle surtout que la mort civile était le résultat de la déportation elle-même, peine politique généralement, et on comprendra combien cette situation devait être déplorable pour un conjoint qui était peut-être complice moral du condamné, et chez lequel, dans tous les cas, l'affection ne pouvait être affaiblie par une condamnation qui, dans nos mœurs, ne déshonore pas celui qu'elle frappe. On peut bien le dire, dans un pays où l'instabilité des gouvernements a permis à tous les partis d'être, tour à tour, proscripteurs et proscrits. Ajoutons qu'en ouvrant la succession du condamné, elle donnait aux parents, en quelque sorte, le bénéfice du crime.

Quelle est maintenant la condition des individus condamnés aux peines afflictives perpétuelles qui avaient pour conséquence la mort civile (mort, travaux forcés à perpétuité, déportation)?

La loi du 31 mai 1854 a remplacé la mort civile par l'interdiction légale et la dégradation civique. Les condamnés aux peines afflictives perpétuelles subissent donc toutes les privations de droits qui résultent de ces deux peines, avec un surcroît d'incapacités emprunté à l'ancienne mort civile et consistant dans la privation du droit de disposer de leurs biens, en tout ou en partie, soit par donation entre-vifs, soit par testament, et de recevoir à ce titre, si ce n'est pour cause d'aliments. Le testament fait avant la condamnation contradictoire est nul comme celui qui serait fait depuis.

En conséquence, les prohibitions et incapacités qui résultaient de la mort civile sont considérablement diminuées. Ainsi, le condamné à une des peines afflictives perpétuelles pourra : se marier, et s'il est marié déjà, son mariage, cela va sans dire, ne sera pas brisé; conserver son patrimoine; transmettre *ab intestat* à ses héritiers ses biens acquis avant ou pendant la peine.

Mais, sous un autre rapport, sa position est aggravée, car son état d'interdiction légale le met en tutelle; en sorte qu'il perd l'exercice de certains droits dont il n'était pas privé par la législation antérieure, comme ceux de vendre, d'acheter, qu'on regardait comme des conséquences de l'existence naturelle qui lui restait. C'est son tuteur qui les exercera pour lui sous l'empire de la législation actuelle.

Aux termes de l'art. 4 de la loi du 31 mai 1854, le gouvernement peut relever le condamné à une peine afflictive perpétuelle de tout ou partie des incapacités résultant de sa condamnation. Il peut lui accorder l'exercice, dans le lieu d'exécution de la peine, des droits civils ou de quelques-uns de ces droits dont il a été privé par son état d'interdiction légale.

Les actes faits par le condamné dans le lieu d'exécution de sa peine ne peuvent engager les biens qu'il possédait au jour de sa condamnation ou qui lui sont échus à titre gratuit depuis cette époque.

L'art. 15 de la même loi rappelle à la vie civile les anciens morts civilement.

La loi du 8 juin 1850, qui abolit la mort civile en matière de déportation, était moins rigoureuse que celle de 1854, en ce sens qu'elle ne prononçait pas l'incapacité de recevoir ou disposer par donation ou par testament; en sorte que la loi de 1854, qui a réglé d'une manière générale les effets des condamnations à toutes les peines afflictives perpétuelles, pour l'avenir, a laissé intacte la position des individus condamnés sous l'empire de la loi de 1850. Mais elle a aboli la mort civile encourue par suite de condamnations antérieurs et a réglé la condition des individus qui en étaient frappés. Du reste, en ce qui touche les condamnés sous la loi de 1850, la question est maintenant sans intérêt pratique, puisque l'amnistie a effacé pour l'avenir tous les effets des condamnations en matière politique.

4° *Interdiction de certains droits.*

« Art. 42. Les tribunaux jugeant correctionnelle-
« ment pourront, dans certains cas, interdire, en
« tout ou partie, l'exercice des droits civiques, civils
« et de famille suivants :

« 1° De vote et d'élection;

« 2° D'éligibilité;

« 3° D'être appelé ou nommé aux fonc-
« tions de juré ou autres fonctions publi-
« ques, ou aux emplois de l'administration;
« ou d'exercer ces fonctions ou emplois;

« 4° Du port d'armes;
« 5° De vote et de suffrage dans les déli-
« bérations de famille;
« 6° D'être tuteur, curateur, si ce n'est de
« ses enfants et sur l'avis seulement de la
« famille;
« 7° D'être expert ou employé comme
« témoin dans les actes;
« 8° De témoignage en justice, autrement
« que pour y faire de simples déclarations.»

Nous savons déjà en quoi consistent ces privations, et nous avons déjà dit quelles différences existent entre cette peine et la dégradation civique.

5° *Surveillance de la haute police.*

« Art. 11. Le renvoi sous la surveillance spéciale « de la haute police, l'amende et la confiscation « spéciale, soit du corps du délit, quand la pro- « priété en appartient au condamné, soit des choses « produites par le délit, soit de celles qui ont servi « ou qui ont été destinées à le commettre, sont des « peines communes aux matières criminelles et « correctionnelles. »

« Art. 44. L'effet du renvoi sous la surveillance « de la haute police sera de donner au gouverne- « ment le droit de déterminer certains lieux dans « lesquels il sera interdit au condamné de paraître « après qu'il aura subi sa peine. En outre, le con-

« damné devra déclarer, avant sa mise en liberté, « le lieu où il veut fixer sa résidence ; il recevra une « feuille de route réglant l'itinéraire dont il ne « pourra s'écarter, et la durée de son séjour dans « chaque lieu de passage. Il sera tenu de se pré- « senter, dans les vingt-quatre heures de son arri- « vée, devant le maire de la commune ; il ne pourra « changer de résidence sans avoir indiqué, trois « jours à l'avance, à ce fonctionnaire, le lieu où il « se propose d'aller habiter, et sans avoir reçu de « lui une nouvelle feuille de route. »

« Art. 45. En cas de désobéissance aux disposi- « tions prescrites par l'article précédent, l'individu « mis sous la surveillance de la haute police sera « condamné, par les tribunaux correctionnels, à un « emprisonnement qui ne pourra excéder cinq ans. »

« Art. 47. Les coupables condamnés aux travaux « forcés à temps, à la détention et à la réclusion, « seront, de plein droit, après qu'ils auront subi « leur peine, et pendant toute la vie, sous la sur- « veillance de la haute police. »

« Art. 48. Les coupables condamnés au bannis- « sement seront, de plein droit, sous la même sur- « veillance pendant un temps égal à la durée de la « peine qu'ils auront subie. »

« Art. 49. Devront être revoyés sous la même « surveillance ceux qui auront été condamnés pour « crimes ou délits qui intéressent la sûreté inté- « rieure ou extérieur de l'État. »

« Art. 50. Hors les cas déterminés par les arti-

« cles précédents, les condamnés ne seront placés « sous la surveillance de la haute police de l'État « que dans le cas où une disposition particulière de « la loi l'aura permis. »

La surveillance de la haute police est prononcée comme peine principale dans les cas prévus par les art. 100, 108, 138, 213, etc.

Elle est plus souvent employée comme peine accessoire, et alors elle est la conséquence obligée des peines criminelles *temporaires*. Est-elle la conséquence des peines perpétuelles? Le législateur n'a pas prévu le cas, dominé sans doute par cette idée que le condamné aux travaux forcés à perpétuité ne se trouvait pas dans le cas d'être surveillé, puisque cette surveillance implique l'expiration de la peine. Mais il convient de décider que le condamné aux travaux forcés à perpétuité qui obtient sa grâce ne peut pas être traité plus favorablement que celui qui est condamné à une peine moindre, et qu'il est, par conséquent, de plein droit sous la surveillance de la haute police.

Cette peine a été diversement organisée.

Le Code pénal de 1791 ne l'avait pas admise.

Un décret du 19 ventose an XIII, porte que les *forçats libérés* feront connaître la commune où ils voudront fixer leur résidence et qu'ils y seront surveillés.

Un décret du 17 juillet 1806 procède par voie d'interdiction de séjours : les *forçats libérés* ne pourront se fixer à Paris, dans les résidences impériales, les places de guerre et sur les frontières.

Le Code pénal de 1810 créa le système des cautionnements pécuniaires, moyennant lesquels il était permis aux libérés de circuler selon leur gré.

Le cautionnement était sans efficacité. Il était fourni plus facilement par les malfaiteurs incorrigibles que par les libérés bien intentionnés qui, faute de pouvoir se le procurer, restaient sous la surveillance de la police.

En 1832, ce système fut modifié, et l'interdiction de certains séjours, parmi les trois mesures précédemment expérimentées, fut seule conservée.

Le système actuellement en vigueur consiste dans la fixation d'une résidence forcée que le gouvernement détermine. Le séjour de Paris et de la banlieue est généralement interdit. (Décret du 8 décembre 1851.)

Ses effets sont déplorables, les surveillés cantonnés dans certaines localités trouvent difficilement à vivre par le travail, et comme ils n'ont pas été habitués à porter l'honnêteté jusqu'à l'héroïsme, ils se font voleurs plutôt que de mourir de faim.

La surveillance est un problème social des plus difficiles à résoudre.

En cas de *rupture de ban*, c'est-à-dire dans le cas où le surveillé quitte sans autorisation le lieu de sa résidence, un emprisonnement de cinq ans, au maximum, peut être prononcé par les Tribunaux correctionnels, et le condamné peut aussi, par simple mesure administrative, être transporté dans une colonie pénitentiaire (articles 45 du Code pénal et 6 du décret du 8 décembre 1851).

6° *Confiscation spéciale.*

« Art. 11. Le renvoi sous la surveillance spéciale de « la haute police, l'amende et la confiscation spéciale, « soit du corps du délit, quand la propriété en appar- « tient au condamné, soit des choses produites par le dé- « lit, soit de celles qui ont servi ou qui ont été destinées « à le commettre, sont des peines communes aux ma- « tières criminelles et correctionnelles. »

« Art. 464. Les peines de police sont :

« L'emprisonnement,

« L'amende,

« Et la confiscation de certains objets saisis. »

« Art. 470. Les Tribunaux de police pourront « aussi, dans les cas déterminés par la loi, pronon- « cer la confiscation, soit des choses saisies en con- « travention, soit des choses produites par la con- « travention, soit des matières ou des instruments « qui ont servi ou étaient destinés à la commettre. »

On distinguait, sous le premier Empire, deux espèces de confiscation, l'une générale, l'autre spéciale. La confiscation générale des biens du condamné fut abolie par la Charte de 1814 ; l'autre, c'est-à-dire la confiscation spéciale, existe encore et n'est pas désapprouvée par la raison et l'équité. Elle a pour objet, notamment, le *corps du délit.*

Que faut-il entendre par cette expression? Dans un sens large, elle comprend tous les éléments physiques du délit ; ainsi, les traces de sang, les blessures font partie du corps de délit; c'est avec ce sens qu'elle figure dans l'article 32 du Code d'instruction criminelle.

Dans le sens de l'article 11 du Code pénal, au contraire, elle désigne seulement les objets matériels susceptibles de confiscation qui se rattachent au délit; comme les armes prohibées, les munitions dont un individu se trouve détenteur, les instruments dont il s'est servi pour commettre le délit. L'article 11 semble contenir une restriction en nous disant que les peines qu'il énumère sont communes aux *matières criminelles et correctionnelles.* Cet article semble exclure les matières de simple police, mais les articles 464 et 470 ont étendu la confiscation spéciale aux infractions de cette espèce.

6° *Exposition publique.*

« Art. 22. Quiconque aura été condamné à l'une « des peines des travaux forcés à perpetuité, des « travaux forcés à temps ou de la réclusion, avant « de subir sa peine, demeurera durant une heure « exposé aux regards du peuple sur la place publi- « que. Au-dessus de sa tête sera placé un écriteau

« portant, en caractères gros et lisibles, ses noms,
« sa profession, son domicile, sa peine et la cause de
« sa condamnation.

« En cas de condamnation aux travaux forcés à
« temps ou à la réclusion, la Cour d'assises pourra
« ordonner par son arrêt que le condamné, s'il n'est
« pas en état de récidive, ne subira pas l'exposition
« publique.

« Néanmoins, l'exposition publique ne sera jamais
« prononcée à l'égard des mineurs de dix-huit ans
« et des septuagénaires. »

Cette peine est abolie. L'art. 22 a été abrogé par le décret du gouvernement provisoire de la République, en date du 12 avril 1848.

Cette peine se distinguait de celle du *carcan*, abolie par la loi de révision de 1832, en ce qu'elle était accessoire, tandis que la peine du carcan était principale.

L'expérience avait démontré que ces expositions ne produisaient que de mauvais résultats. Le condamné complétement perverti se plaisait à afficher son cynisme, et celui qui avait conservé un reste de pudeur le perdait devant le public auquel il servait de spectacle.

Écoutez ces paroles remarquables du Gouvernement provisoire :

« Considérant que l'exposition publique dégrade la dignité humaine, flétrit à jamais le condamné et lui ôte, par le sentiment de son infamie, la possibilité de la réhabilitation; que cette peine est empreinte d'une odieuse inégalité, en ce qu'elle touche à peine le criminel endurci, tandis qu'elle frappe d'une atteinte irréparable le condamné repentant; que le spectacle des expositions publiques éteint le sentiment de la pitié et familiarise avec la vue des crimes, le Gouvernement provisoire décrète : la peine de l'exposition publique est abolie. »

CINQUIÈME SECTION

Du jour où commence la durée légale des peines temporaires

« Art. 23. La durée des peines temporaires comp-
« tera du jour où la condamnation sera devenue irré-
« vocable. »

« Art. 24. Néanmoins, à l'égard des condamnations
« à l'emprisonnement prononcées contre les individus
« en état de détention préalable, la durée de la peine,
« si le condamné ne s'est pas pourvu, comptera du
« jour du jugement ou de l'arrêt, nonobstant l'appel
« ou le pourvoi du ministère public, et quel que soit
« le résultat de cet appel ou de ce pourvoi.

« Il en sera de même dans les cas où la peine
« aura été réduite, sur l'appel ou le pourvoi du con-
« damné. »

Nos articles ne s'occupent que des condamnations contradictoires.

Les condamnations criminelles sont susceptibles de pourvoi en cassation, dans les trois jours de l'arrêt ;

mais l'arrêt de la Cour d'assises est souverain, c'est-à-dire que l'appel n'est pas possible.

Les condamnations correctionnelles ou de simple police sont susceptibles d'appel et de pourvoi en cassation; d'appel dans un délai plus ou moins long, suivant que l'appelant est le condamné ou le ministère public.

Les peines temporaires commencent à partir du jour où la condamnation est devenue *irrévocable*, c'est-à-dire *exécutoire*.

Quel est ce jour?

Faisons une première distinction entre les condamnations criminelles et les condamnations correctionnelles.

Occupons-nous d'abord des condamnations criminelles.

Les condamnations temporaires de cette classe sont les travaux forcés à temps, la réclusion, la détention et le bannissement.

Quel est le jour où ces condamnations sont irrévocables?

Trois hypothèses peuvent se présenter :

1° Ou bien il n'y aura pas eu de pourvoi en cassation;

2° Ou bien le pourvoi aura été formé par le condamné;

3° Ou bien le pourvoi sera formé par le ministère public.

Dans le premier cas, la condamnation sera irrévo-

En effet, les condamnations par contumace tombent de plein droit, comme nous le verrons, si le condamné se présente avant la prescription de sa peine, et, s'il se présente après, il ne peut être question de point de départ d'une peine contre un individu qui désormais est à l'abri de la peine à laquelle il a été condamné.

Quant aux condamnations par défaut, si elles ne sont susceptibles ni d'appel, ni d'opposition, elles commencent légalement dès qu'elles commencent réellement. Le législateur, en cas de condamnation contradictoire, n'a pas voulu prolonger la prison préventive; mais cette raison n'existe pas pour les condamnations par défaut, puisque le condamné jouit de sa liberté.

Les peines privatives de droits courent du jour où la condamnation est exécutoire. La loi donne la règle formellement pour la dégradation civique (art. 28), et on s'accorde à l'étendre aux autres privations de droits temporaires ou perpétuelles.

Quant à la surveillance de la haute police, par sa nature même, elle commence lorsque la peine dont elle est la conséquence finit.

La loi faisait commencer l'ancienne mort civile avec l'exécution de la peine principale, mais cette peine accessoire n'existe plus, et les privations de droits qui la remplacent rentrent dans la règle que nous venons d'établir pour les peines de cette espèce.

La règle de l'art. 23 a été introduite dans le Code par la loi de 1832. Avant cette époque, la peine ne commençait à courir pour les travaux forcés à temps, la détention et la réclusion qu'à partir de l'exposition. En sorte que la négligence de l'autorité à faire procéder à cette déplorable exhibition retombait sur le condamné. Quant au bannissement, la règle était la même qu'aujourd'hui.

SIXIÈME SECTION

Comment les peines finissent

Les peines finissent :

1° Par l'expiration du temps, lorsqu'elles sont temporaires;

2° Par l'amnistie;

3° Par la grâce;

4° Par la réhabilitation;

5° Par la révision;

6° Par la prescription;

7° Par une décision spéciale du gouvernement;

8° Par la mort du condamné.

1° *L'expiration du temps fixé par le juge.*

De cette manière finissent les travaux forcés à temps, la détention, la réclusion, le bannissement, l'emprisonnement, la privation à temps de certains droits, l'interdiction légale.

2° *L'amnistie.*

L'amnistie émane de l'Empereur (art. 9 de la

Constitution du 14 janvier et sénatus-consulte du 25 décembre 1852). Elle anéantit les effets des condamnations pour l'avenir. Ainsi la dégradation civique, l'interdiction légale, l'interdiction de donner et de recevoir cessent par l'amnistie. Elle est accordée par voie de disposition générale, c'est-à-dire qu'elle embrasse des catégories de condamnés. Elle s'applique principalement aux délits poliques.

3° *La grâce.*

Le droit de grâce appartient également à l'Empereur. Mais au lieu d'être générale, la grâce est individuelle, et au lieu d'effacer tous les effets juridiques de la condamnation, comme l'amnistie, elle fait cesser seulement la peine matérielle. Cependant l'interdiction légale, qui n'est que la conséquence de la peine matérielle, cesse également. Quant à la dégradation civique et les autres incapacités, qui sont les conséquences immédiates de la condamnation, elles subsistent.

4° *La réhabilitation.*

Elle est prononcée par l'Empereur, après une série de formalités administratives et judiciaires ayant pour but de rechercher si le réclamant est digne de recouvrer pour l'avenir l'exercice de ses droits (art. 619 et suiv. du Code d'instr. crim. et loi des 3-6 juillet 1853). La première condition exigée est que le condamné ait subi sa peine ou obtenu sa grâce. Nous y reviendrons.

5° *Révision.*

La révision est l'annulation de l'arrêt pour cause d'erreur judiciaire, dans les trois cas suivants : 1° existence de deux condamnations distinctes et inconciliables, pour le même crime; 2° condamnation pour meurtre, lorsqu'on découvre que la prétendue victime est vivante; 3° condamnation pour faux témoignage prononcée contre l'un des témoins à charge entendu dans le procès. Nous verrons les détails dans l'instruction criminelle.

6° *Prescription.*

Les peines criminelles se prescrivent, en général, par vingt ans; les peines correctionnelles par cinq ans; les peines de simple police par deux ans. La prescription de la peine met le condamné à l'abri des rigueurs de la justice, mais elle n'efface pas les incapacités qui résultent de la condamnation. Cette matière sera traitée dans l'instruction criminelle.

7° *Décision spéciale du Gouvernement.*

Aux termes de l'art. 12 de la loi du 30 mai 1854, déjà cité, le gouvernement peut accorder aux condamnés aux travaux forcés à temps l'exercice, dans la colonie pénitentiaire, des droits civils dont ils sont privés par leur état d'interdiction légale. Il peut accorder également aux libérés l'exercice, dans la colonie, des droits dont ils sont privés par les 3e et 4e paragraphes de l'art. 34 du Code pénal.

8° *Par la mort du condamné.*

La mort, n'est-elle pas la libération de toutes les peines de la vie?

CHAPITRE III

DU DÉLINQUANT

ET EN GÉNÉRAL

DES PERSONNES PUNISSABLES, EXCUSABLES OU RESPONSABLES

Nous allons nous occuper successivement :

1° Des agents du délit ;

2° Des circonstances ou faits qui constituent, aggravent, excluent ou atténuent la culpabilité.

PREMIÈRE SECTION

Des délinquants ou agents du délit

Les agents du délit sont les individus qui commettent le délit ou qui prêtent de quelque manière leur concours, c'est-à-dire les auteurs et les complices.

1° *De l'auteur et des coauteurs.*

L'auteur est celui qui a commis le délit; les coauteurs sont ceux qui ont commis ensemble le délit.

Les délits peuvent, en effet, être commis par une ou plusieurs personnes, comme le vol.

Certains délits ne peuvent être commis que par un certain nombre de personnes, comme les attroupements (1), les coalitions d'ouvriers ou de maîtres (2), les réunions de plus de vingt personnes (3).

En général, le nombre des délinquants ne change pas la nature du délit. Il n'en est cependant pas toujours ainsi : l'art. 386, par exemple, prononce la réclusion pour des vols commis par plusieurs personnes, et qui ne seraient punis que de peines correctionnelles s'ils étaient commis par une seule.

2° *Des complices.*

Les complices sont des individus qui prennent une part indirecte, accessoire au délit, accessoire, au moins, en ce qui touche la matérialité du délit, car leur rôle peut être principal moralement. Ainsi,

---

(1) Loi du 10 vendémiaire an IV; art. 109 et suiv., 209 et suiv. du Code pénal; loi du 10 avril 1831 et 1834; 7 juin 1848; décret du 25 février 1852.

(2) Art. 414, 415, 416, du Code pénal.

(3) Art. 291 et suiv. du Code pénal, et décret du 25 mars 1852.

l'individu qui, par abus d'autorité, pousse un enfant à commettre un délit, est bien moralement l'auteur principal. Mais, selon le droit positif, il ne peut être considéré que comme un complice.

La complicité peut être définie : la participation morale ou matérielle, mais indirecte, d'une ou de plusieurs personnes à un fait punissable.

La complicité suppose un concours de malfaiteurs et l'unité dans le délit. Mais tous les malfaiteurs agissant de concert ne sont pas, nous l'avons vu, des complices ; ils peuvent être coauteurs, codélinquants.

Quelques exemples rendront plus claire la différence qui les sépare.

Un individu vole votre montre, tandis qu'un autre vous met le pistolet sur la gorge et vous empêche de vous défendre. Ce dernier est-il complice ou coauteur? Coauteur parce qu'il prend une part directe au vol.

Des brigands arrêtent une voiture ; les uns, armés de fusils, couchent en joue le postillon et les voyageurs, tandis que d'autres enlèvent l'argent et les objets qu'ils trouvent. Y a-t-il des auteurs et des complices? Il n'y a que des auteurs ; tous ont pris une part directe au crime.

Un individu a commis un vol dans une maison ; un autre a fourni les renseignements nécessaires sur le jour, l'heure de l'absence des personnes qui l'habitent. Celui-ci est-il coauteur ou complice? Complice, car la participation est indirecte.

Un individu commet un crime, un autre fait le guet. Ces individus sont considérés par la jurisprudence comme deux auteurs. La doctrine, au contraire, ne veut voir là qu'un auteur et un complice (1).

Nous verrons qu'il importe de distinguer les complices des coauteurs, malgré l'assimilation établie par l'art. 59.

Les faits qui constituent la complicité peuvent se diviser en trois classes : 1° ceux qui précèdent; 2° ceux qui accompagnent; 3° ceux qui suivent le délit.

Ceux de la première ou de la seconde espèce sont prévus par les articles 60 et 61; ceux de la troisième par les art. 61 et 62.

« Art. 60. Seront punis comme complices d'une « action qualifiée crime ou délit, ceux qui, par dons, « promesses, menaces, abus d'autorité ou de pou- « voir, machinations ou artifices coupables, auront « provoqué à cette action, ou donné des instructions « pour la commettre;

« Ceux qui auront procuré des armes, des instru- « ments, ou tout autre moyen qui aura servi à l'ac- « tion, sachant qu'ils devaient y servir;

---

(1) Boitard, MM. Ortolan et Faustin Hélie.

« Ceux qui auront, avec connaissance, aidé ou « assisté l'auteur ou les auteurs de l'action, dans les « faits qui l'auront préparée ou facilitée, ou dans « ceux qui l'auront consommée; sans préjudice des « peines qui seront spécialement portées par le pré- « sent Code contre les auteurs de complots ou de « provocations attentatoires à la sûreté intérieure « ou extérieure de l'État, même dans le cas où le « crime qui était l'objet des conspirateurs ou des « provocateurs n'aurait pas été commis. »

Posons d'abord quelques règles générales :

L'art. 60, régissant une matière spéciale et contenant des dispositions exorbitantes, ne doit pas être étendu. C'est d'ailleurs la règle ordinaire d'interprétation en matière criminelle.

La complicité ne peut résulter que d'un fait *actif*. L'art. 60 ne vise aucun fait *passif*, aucune inaction. Ainsi, celui qui, pouvant empêcher le fait punissable, se sera abstenu; celui qui pouvant arrêter le coupable l'aura laissé fuir; celui qui, ayant connaissance d'un projet de crime ne l'aura pas dénoncé à la justice, n'est pas complice. Cependant, l'art. 60 excepte le cas de complot. Un individu sait que tel jour on assassinera son père, et il garde le silence, ce parricide, devant la morale, n'est pas coupable devant le Code pénal! Un individu sait que tel jour un complot éclatera contre un gouvernement tyrannique, et il garde le silence pour ne pas s'abaisser jusqu'à l'agent de police; cet individu est puni comme complice! Tel est le Code de 1810, telle est la morale des gouvernements absolus.

Voyez quelque chose de plus fort (sauf la pénalité matérielle) dans le Concordat de l'an X. Les archevêques et les évêques sont obligés de prêter un serment dont voici la formule :

« Je jure et promets à Dieu, sur les saints Evan-
« giles, de garder obéissance et fidélité à l'Empe-
« reur; je promets aussi de n'avoir aucune intelli-
« gence, de n'assister à aucun conseil, de n'entre-
« tenir aucune ligue, soit au dedans, soit au dehors,
« qui soit contraire à la tranquillité publique, et
« *si, dans mon diocèse ou ailleurs, j'apprends qu'il*
« *se trame quelque chose au préjudice de l'État, je*
« *le ferai savoir au gouvernement.* »

Violer le serment le plus solennel ou jouer le rôle de dénonciateur. Quelle alternative!

La complicité ne peut exister sans un fait principal. Pas d'infraction, pas de complicité. Par application de cette règle, nous dirons que celui qui procure des armes ou du poison pour un suicide ne peut pas être poursuivi comme complice d'un meurtre, car le suicide n'est pas punissable.

Mais il ne faudrait pas aller jusqu'à dire que celui qui donnerait la mort à un individu, sur sa demande, ne serait pas punissable. Il n'y a pas de *suicide* sans individu qui se donne la mort lui-même; s'il n'y a pas de suicide, il y a un meurtrier.

Il n'y a pas de crime sans intention criminelle; aussi la loi ne considère comme complice que celui qui a agi sciemment. La loi ne le dit pas pour les complices par provocation (§ 1er de l'art. 60), mais c'est uniquement parce qu'elle n'avait pas besoin de le dire. Les provocateurs ne peuvent ignorer ce à quoi ils provoquent

Mais il n'est pas nécessaire que le complice ait connaissance des circonstances (non personnelles) qui aggravent l'infraction à laquelle il s'associe, pour en subir toutes les conséquences.

La loi n'autorise pas une distinction que la raison réclame: ainsi l'individu qui aura prêté un bâton pour battre seulement quelqu'un sera responsable d'un meurtre, si l'emprunteur ne se contente pas de battre et donne la mort. Celui qui aura donné des instructions pour un vol simple sera complice d'un crime, si l'auteur, au lieu de voler simplement, vole avec effraction ou en assassinant.

La pensée du législateur se trouve dans ces paroles de l'exposé des motifs :

« Tous ceux qui ont participé au crime par provocation ou par complicité méritent les mêmes peines que les auteurs et coopérateurs. Quand la peine serait portée à la plus grande rigueur par l'effet des circonstances aggravantes, il paraît juste que cet accroissement de sévérité frappe tous ceux qui ayant préparé, aidé ou favorisé le crime, se sont soumis à toutes les chances des événements et ont consenti à toutes les suites du crime. »

C'est une disposition désapprouvée par la justice morale, mais admise par le droit positif. C'est encore un des cas où le législateur de l'Empire a frappé fort, sans chercher à frapper juste.

C'est ainsi qu'on arrive souvent à l'impunité par l'exagération de la peine. Le juge, effrayé de l'énormité du châtiment comparé à la faute, acquitte le coupable. On peut dire alors que le juge condamne le législateur.

L'amnistie en faveur des auteurs, effaçant en quelque sorte le délit, fait obstacle aux poursuites contre les complices. On ne saurait trouver des complices là où il n'y a pas de délit.

Cependant la mort de l'auteur n'empêche pas les poursuites contre les complices. Si l'auteur n'est pas poursuivi, c'est uniquement parce que, chez nous, on ne fait pas de procès à la mémoire des criminels.

Il en est de même lorsque l'auteur agit de bonne foi et que le complice est de mauvaise foi; lorsque l'auteur n'est pas coupable à raison de son âge ou de son état mental; lorsqu'un fils vole une chose appartenant à son père (art. 380), avec l'assistance d'une autre personne; lorsqu'un individu viole, avec l'assistance d'un complice, une fille de moins de 16 ans qu'il épouse ensuite (art. 356 et 357), et en général toutes les fois que l'auteur n'échappe aux poursuites qu'en raison d'une qualité ou d'une circonstance personnelle.

Mais il ne suffit pas que l'accusé principal soit déclaré *non coupable* par le jury pour que le complice soit acquitté, car, nous le verrons, la non-culpabilité ne signifie pas nécessairement que l'accusé n'est pas l'auteur du fait; le jury déclare *non coupable* celui qui est l'auteur du fait, mais qui n'a pas agi avec mauvaise intention ou qui n'a pas la jouissance de ses facultés.

Relisons notre texte et ajoutons quelques explications plus précises.

§ 1er. « *Seront punis comme complices d'une action qualifiée crime ou délit ceux qui par dons, promesses, menaces, abus d'autorité ou de pouvoir, machinations ou artifices coupables auront provoqué à cette action ou donné des instructions pour la commettre.* »

Crime ou délit. — Le Code de 1791 n'avait établi l'assimilation des complices aux auteurs qu'en matière criminelle proprement dite, et non en matière de délits et contraventions. Comme l'assimilation faite par le Code est exorbitante, nous l'interpréterons restrictivement et nous ne l'étendrons pas aux contraventions.

Dons, promesses, menaces. — Il s'ensuit que les conseils sans *dons* ou *menaces* ou *promesses* ne constituent pas la complicité, quelque blâmables qu'ils soient au point de vue moral. Il y a, en effet, une différence très-grande entre un simple conseil et une provocation par dons, promesses ou menaces. Il y aurait d'ailleurs trop de difficultés à saisir et à constater la culpabilité dans des paroles qui peuvent n'être, après tout, qu'un propos irréfléchi.

Abus d'autorite ou de pouvoir. — Cette disposition regarde les ascendants, les tuteurs, etc.

Machinations et artifices coupables. — La loi désigne par ces deux substantifs les moyens employés pour exciter un individu à commettre une mauvaise action, soit en supposant des torts qui n'existent pas, soit en se servant de torts réels pour exciter le ressentiment.

La loi veut que ces machinations et artifices soient *coupables*, c'est-à-dire qu'il y ait intention de faire commettre le délit.

Auront provoqué. — Les *provocateurs* sont donc ceux qui, par menaces, promesses, abus d'autorité, etc., excitent à commettre le délit. Ces individus participent moralement au délit.

Ou donné des instructions pour le commettre. — Ainsi, celui qui aura fait connaître au voleur l'absence ou la présence du maître de la maison, le meuble dans lequel l'argent et les objets précieux sont enfermés, sera complice du voleur.

§ 2. « *Ceux qui auront procuré des armes, des instruments ou tout autre moyen qui aura servi à l'action, sachant qu'ils devaient y servir.* » L'article 341 du Code pénal énonce de nouveau cette règle. Il punit, comme l'auteur de l'arrestation illégale ou de la séquestation, celui qui a prêté un lieu pour détenir ou séquestrer quelqu'un. Cet article semble n'avoir pas voulu s'en rapporter au § 2 de l'article 60, à cause du doute qui aurait pu s'élever peut-être, et il s'est exprimé formellement.

§ 3. « *Ceux qui auront, avec connaissance, aidé ou assisté l'auteur ou les auteurs de l'action dans les faits qui l'auront préparée ou facilitée, ou dans ceux qui l'auront consommee, sans préjudice des peines qui seront spécialement portées par le présent Code contre les auteurs de complots ou de provocations attentatoires à la sûreté intérieure ou extérieure de l'État, même dans le cas où le crime qui était l'objet des conspirateurs ou des provocateurs n'aurait pas été commis.* »

Avec connaissance. — Nous avons déjà dit que cette condition s'appliquait à tous les cas de complicité.

Aidé ou assisté. — Par exemple, lorsqu'il s'agit d'un vol dans une maison, si quelqu'un est allé reconnaître le terrain avec le voleur, ou bien si cet individu a aidé le voleur à transporter les objets volés.

Facilitée. — Par exemple, si quelqu'un attire un individu sous un prétexte quelconque hors de sa maison pour rendre plus facile l'exécution du vol.

« Art. 61. Ceux qui, connaissant la conduite crimi-
« nelle des malfaiteurs exerçant des brigandages ou
« des violences contre la sûreté de l'État, la paix pu-
« blique, les personnes ou les propriétés, leur four-
« nissent habituellement logement, lieu de retraite
« ou de réunion, seront punis comme leurs com-
« plices. »

On distingue deux sortes de recels : celui des personnes et celui des choses.

Il s'agit ici du recel des personnes. L'article 62 est relatif à celui des choses. C'est encore une de ces dispositions rigoureuses qui ne doivent pas s'écarter des limites tracées par la loi.

Trois conditions sont exigées pour que les individus dont il s'agit soient considérés comme complices :

1° Qu'ils aient connaissance de la conduite criminelle des malfaiteurs ;

2° Que ces malfaiteurs exercent des brigandages;

il ne suffirait pas qu'ils se rendissent coupables d'escroqueries, par exemple.

La loi n'a pas défini ce qu'elle entend par *brigandages*. Bien certainement des malfaiteurs arrêtant les voitures et les voyageurs sur les routes seraient considérés comme coupables de délits de cette espèce. Dans le doute, les juges apprécieront.

3° Qu'ils aient l'habitude de fournir le logement, lieu de retraite ou de réunion.

Qu'est-ce qui constitue l'habitude ? *Une fois n'est pas coutume*, dit-on, mais deux fois? trois fois? Le juge appréciera.

Les recéleurs de brigands sont punis comme complices de quels brigandages? De ceux qui auront été commis à l'époque où ils fournissaient le logement ou lieu de retraite.

Dans une maison qui reçoit des brigands, il peut y avoir un maître de maison, sa femme, ses enfants, ses domestiques, etc. Toute la famille sera-t-elle complice? Le maître de maison seul, en principe, sera considéré comme complice. Les autres personnes sont sous sa dépendance et ne jouent qu'un rôle d'auxiliaires plus ou moins blâmable, sans doute, au point de vue moral, mais dépourvu de caractères assez graves pour justifier des poursuites criminelles.

Il existe d'autres recéleurs de personnes, ce sont ceux qui cachent des personnes coupables de crimes emportant peine afflictive ou infamante, et que l'article 248 punit d'un emprisonnement de trois mois à deux ans ; ceux qui, sans avoir participé au crime, ont caché le cadavre d'une personne homicidée, dans l'intérêt de l'auteur du crime, et que la loi punit de trois mois à un an d'emprisonnement et d'une amende de 50 à 400 francs.

Il est évident que les recéleurs de cette espèce ne pouvaient pas être considérés comme complices et encourir les graves conséquences de la complicité.

Passons au recel des choses.

« Art. 62. Ceux qui sciemment auront recélé, en
« tout ou en partie, des choses enlevées, détournées
« ou obtenues à l'aide d'un crime ou d'un délit, se-
« ront aussi punis comme complices de ce crime ou
« délit. »

Les recéleurs des choses sont des complices par un fait postérieur au délit. La règle générale est encore ici que les recéleurs partageront le sort des auteurs. Ainsi, le recéleur sera poursuivi comme faussaire, si les objets recélés ont été escroqués à l'aide d'un faux.

Il y a recel, soit que les objets aient été reçus en dépôt, soit qu'ils aient été achetés. Dans tous les cas, il faut que le recéleur ait connu leur origine vicieuse au moment où il les a reçus. La connaissance postérieure qu'il pourrait en avoir ne suffirait pas pour changer en délit un fait licite dans le principe.

« Art. 59. Les complices d'un crime ou d'un délit
« seront punis de la même peine que les auteurs
« mêmes de ce crime ou de ce délit, sauf les cas où
« la loi en aurait disposé autrement. »

« Art. 63. Néanmoins la peine de mort, lorsqu'elle
« sera applicable aux auteurs des crimes, sera rem-
« placée, à l'égard des recéleurs, par celle des tra-
« vaux forcés à perpétuité.

« Dans tous les cas, les peines des travaux forcés à
« perpétuité ou de la déportation, lorsqu'il y aura
« lieu, ne pourront être prononcées contre les recé-
« leurs qu'autant qu'ils seront convaincus d'avoir eu,
« au temps du recélé, connaissance des circonstances
« auxquelles la loi attache les peines de mort, des
« travaux forcés à perpétuité et de la deportation;
« sinon ils ne subiront que la peine des travaux forcés
« à temps. »

Le texte de l'art. 59 a fait naître des controverses.

Quel est le sens de ces mots : les complices d'un crime ou d'un délit seront punis de la *même peine* que les auteurs mêmes de ce crime ou de ce délit?

Prise à la lettre, la disposition de cet article a des conséquences révoltantes, tantôt par sa rigueur contre les coupables, tantôt par l'impunité qu'elle pourrait leur procurer.

Ainsi les complices de fonctionnaires ou officiers publics faussaires seraient condamnés aux travaux forcés à perpétuité, tandis que séparément ils ne seraient condamnés qu'aux travaux forcés à temps.

Les complices d'un parricide seraient des parricides, et avant la loi du 28 avril 1832 ils auraient eu le poing droit coupé avant l'exécution, et aujourd'hui encore ils seraient conduits à l'échafaud, la tête couverte d'un voile noir, comme le parricide lui-même.

Le complice d'un fils qui aurait commis un vol au préjudice de son père ne serait pas puni, parce que l'auteur n'est pas punissable!

Le complice d'un mineur de 16 ans qui aurait agi sans discernement ne serait pas punissable, parce que ce mineur ne l'est pas!

De pareilles conséquences ne peuvent être admises.

Gardons-nous donc de prendre l'art. 59 à la lettre.

Cherchons la pensée du législateur à travers l'obscurité.

Deux systèmes sont en présence : l'un se fonde sur le texte surtout et l'autre sur l'esprit de la loi.

Dans le premier, ces expressions de l'art. 59 : *seront punis de la même peine,* signifient la peine que la loi prononce *contre le crime commis par l'auteur.*

C'est ainsi, comme nous l'avons dit, que le complice du parricide serait puni comme parricide.

Mais les criminalistes qui soutiennent cette opinion s'arrêtent à moitié chemin. Après avoir tiré de la lettre de la loi des conséquences exorbitantes contre le complice, ils reculent devant les conséquences, exorbitantes aussi, qui lui sont favorables. Cette restriction, nécessaire du reste, condamne ce système.

L'autre opinion recherche la pensée du législateur, et s'il s'agit de forcer le texte, d'une manière ou d'une autre, dans le doute elle le fait fléchir dans le sens le plus humain et le plus rationnel.

Dans ce système, les expressions de l'art. 59 : *seront punis de la même peine*, signifient que les complices sont passibles *des peines qu'ils subiraient s'ils étaient auteurs*.

Ainsi le complice du parricide ne subira pas la punition infligée au parricide.

En général, les qualités de père, mère, tuteur, instituteur, domestique (art. 333), fonctionnaire ou officier public (art. 198), qui, dans certains cas, aggravent les peines, sont personnelles et ne doivent pas étendre leurs effets sur des individus complétement étrangers à la victime ou aux fonctions dont est revêtu l'agent principal du fait punissable.

C'est uniquement pour abréger la rédaction de l'art. 59 que le législateur s'est servi des expressions qui ont fait naître la controverse.

La première opinion s'appuie sur ces paroles de

Target au Conseil d'État que nous avons déjà citées :

« Tous ceux qui ont participé au crime, par provocation ou par complicité, méritent les mêmes peines que les coauteurs et coopérateurs. Quand la peine serait portée à la plus grande rigueur par l'effet des circonstances aggravantes, il paraît juste que cet accroissement de sévérité frappe tous ceux qui ayant préparé, aidé, se sont soumis à toutes les chances des événements et ont consenti à toutes les suites du crime. »

Ces expressions n'ont pas toute la portée qu'on leur attribue. Elles signifient seulement que les complices partagent la responsabilité pénale des circonstances aggravantes *intrinsèques*, *inhérentes* au crime lui-même, et non celles qui résultent d'une qualité personnelle; c'est déjà trop exorbitant, mais il faut aller jusque-là. Ainsi un individu croit donner des instructions pour un vol simple, tandis que l'auteur commet un crime : cet individu subira les conséquences légales du méfait, quoiqu'il n'eût pas consenti peut-être à s'y associer s'il eût été consulté.

Le législateur a un but quand il établit une peine ; ainsi, quand il ordonne que le parricide sera conduit à l'échafaud la tête couverte d'un voile noir, il veut que ce soit en signe de pénitence et d'humiliation chez le plus criminel de tous les criminels. Ne serait-il pas absurde que le complice fût, en pareil cas, présenté au public comme assassin de son père lorsqu'il n'existe aucun lien de parenté entre sa victime et lui?

Il est un point sur lequel tout le monde est d'accord c'est que la peine pourra subir à l'égard du complice l'effet des circonstances atténuantes, en restant dans toute sa rigueur à l'égard de l'auteur et réciproquement.

De même, le juge, quand il s'agira d'une peine renfermée entre un *maximum* et un *minimum*, pourra appliquer des peines différentes par la durée.

On admet que l'état de récidive chez l'auteur n'es pas une cause d'aggravation pour le complice, parce que c'est une qualité personnelle. S'il en était autrement, le coauteur pourrait être mieux traité que le complice, car personne ne soutient qu'entre coauteurs la qualité personnelle d'un accusé produise une influence juridique sur la position de ses coaccusés.

La règle de l'art. 59 n'est pas absolue. Les complices seront punis comme les auteurs, « sauf les cas où la loi en aurait disposé autrement. »

L'art. 63 notamment nous fournit une dérogation importante et équitable à la règle trop rigoureuse de l'art. 59 : la peine de mort, applicable aux auteurs, est remplacée pour les complices par les travaux forcés à perpétuité.

Cet article ne permet de prononcer les travaux forcés à perpétuité qu'autant que le recéleur aura eu connaissance non-seulement du vol, mais encore des circonstances qui aggravent la culpabilité du voleur.

Mais s'il ne s'agit que de peines temporaires, il n'est pas nécessaire, *a contrario*, que le recéleur ait eu connaissance des circonstances du vol. Il a accepté tacitement les conséquences du délit par le fait seul qu'il a reçu sciemment les objets qui en sont le produit.

Les tempéraments de l'art. 63 ont été introduits dans le Code pénal par la loi de 1832.

Le Code de 1810, dans ce cas encore, n'avait pas pu se passer de bourreau.

On peut citer encore les art. 100, 102, 107, 108, 114, 116, 138, 144, 190, 213, 267, 268, 284, 285, 288, etc. du Code pénal, comme dérogeant à la règle que les complices sont punis comme les auteurs.

Il importe de distinguer le complice de l'auteur, malgré l'assimilation décrétée par l'art. 60.

1° La loi, nous venons de le dire, établit quelquefois elle-même des différences. Ainsi, d'après l'art. 63, les recéleurs ne sont punis que des travaux forcés à perpétuité lorsque les auteurs sont punis de mort;

2° C'est la culpabilité de l'auteur qui sert, en général, à déterminer la peine encourue;

3° Les questions à poser au jury, comme nous le verrons, sont différentes.

DEUXIÈME SECTION

De la culpabilité

La culpabilité, c'est l'imputabilité d'un fait arrivé par la faute d'une personne, en violation d'un devoir.

L'imputabilité, c'est l'affirmation que tel fait est au compte, à la charge de son auteur.

La culpabilité laisse supposer la liberté d'action au moment du délit et l'intelligence nécessaire pour distinguer le bien du mal, le juste de l'injuste.

L'imputabilité n'admet pas le plus ou le moins; elle existe ou elle n'existe pas.

La culpabilité existe à divers degrés.

Pas d'imputabilité sans fait.

Pas de culpabilité sans fait d'abord, sans liberté et sans intelligence.

Telle est la règle générale.

Les délits non intentionnels sont des exceptions.

L'imputabilité équivaut, en pareil cas, à la culpabilité.

De la tentative de crime.

« Art. 2. Toute tentative de *crime* qui aura été « manifestée par un commencement d'exécution, si « elle n'a été suspendue ou si elle n'a manqué son « effet que par des circonstances indépendantes de « la volonté de son auteur, comme le crime même. »

Il résulte de cet article que la loi ne punit pas la pensée, le projet, la résolution même bien arrêtée de commettre un crime : *cogitationis pœnam nemo patitur* (1).

Permettre de rechercher les intentions criminelles serait ouvrir la porte à l'inquisition la plus intolérable, à l'injustice la plus dangereuse.

Les actes préparatoires eux-mêmes ne tombent pas, en général, sous le coup de la loi pénale.

Il y a loin des préparatifs au crime consommé ; le sentiment de la crainte ou du devoir se réveillera peut-être avant l'exécution et suffira pour chasser une idée criminelle. D'ailleurs, la justice parviendrait difficilement à saisir l'intention criminelle et à la caractériser.

Toutefois, les préparatifs seraient punissables s'ils constituaient par eux-mêmes des délits; ainsi la loi

---

(1) Ulpianus, l. 18, *Dig.*, *de Pœnis*.

punit le fait d'être porteur d'armes prohibées, quoiqu'elle ne punisse pas l'intention de s'en servir pour commettre un crime.

Mais dès qu'il y a exécution commencée et qu'elle n'est suspendue, ou exécution achevée, et qu'elle n'a manqué son effet que par une circonstance indépendante de la volonté de son auteur, il y a crime.

La loi n'a pas précisé le moment où commence l'*exécution*; c'est une question qu'il appartient au juge de résoudre.

Il faut donc, pour constituer la tentative punissable : 1° que l'exécution soit commencée ; 2° qu'elle ne soit suspendue que par une circonstance indépendante de la volonté de l'auteur.

Cette assimilation de la tentative au crime est sévère ; aussi plusieurs législations étrangères l'ont punie d'une peine moindre. Du reste, chez nous, les *circonstances atténuantes*, le *minimum* et le *maximum* des peines laissent aux jurés et aux juges le moyen de tempérer ce qu'elle peut avoir de trop rigoureux.

Le projet du Code de 1810 n'avait pas prévu le *crime manqué*; l'article 2 se contentait de statuer sur la tentative dont l'effet avait été *suspendu*. C'est pour combler cette lacune qu'on ajouta ces mots : *ou n'a manqué son effet*. Il en résulte que le crime manqué est puni comme la tentative et, par conséquent, comme le crime qui a produit l'effet attendu par son auteur. Ainsi, légalement, il n'y a pas de différence entre celui qui tire un coup de fusil sur une personne et la manque et celui qui la tue.

Il y a plusieurs exceptions à la règle contenue dans l'article que nous venons d'expliquer. Nous citerons les articles 80 et 90, relatifs au complot, qui punissent la volonté, la résolution.

Dans d'autres cas, à l'inverse, la loi ne punit le fait consommé qu'autant qu'il a produit le résultat qu'en attendait son auteur; ainsi, l'article 317 du Code pénal ne punit la tentative d'avortement, du moins en ce qui concerne la femme elle-même, qu'autant que l'avortement a suivi l'action qui avait pour but de le procurer.

L'article 179 ne punit d'une *peine infamante* la tentative de corruption d'un fonctionnaire qu'autant qu'elle a produit son effet.

Tentative de délit.

« Art. 3. Les tentatives de *délits* ne sont considé-
« rées comme *délits* que dans les cas déterminés par
« une disposition spéciale de la loi. »

En principe, la tentative de délit n'est pas punie soit à cause de l'absence de gravité, soit à cause de la difficulté de la preuve; ce n'est que par exception qu'elle tombe sous le coup de la loi pénale. Du reste, la tentative de délit, lorsqu'elle est punie, doit présenter les caractères constitutifs de la tentative de crime.

La loi nous fournit des cas de cette espèce dans les articles 179, 241, 245, 388, 400, 401, 405, etc., du Code pénal.

Ainsi, d'après l'article 179, l'auteur d'une tentative de corruption de fonctionnaire, qui n'a pas été suivie d'effet, est puni d'un *emprisonnement* de trois mois au moins, de six mois au plus et d'une amende de 100 à 300 francs.

Aux termes de l'article 245, les détenus qui tentent de s'évader par violence ou bris de prison, sont punis d'un emprisonnement de six mois à un an, qui ne se confond pas avec la condamnation qu'ils subissent, ou, s'ils ne sont pas encore jugés, avec celle qui pourra être prononcée contre eux. S'ils sont acquittés, ils la subissent après leur acquittement.

Les tentatives de contravention ne sont pas punies. Les tentatives de délit ne sont pas punies, en général, à cause de l'exiguïté du péril social et des difficultés de la constatation; à plus forte raison, les tentatives de contravention doivent rester impunies.

TROISIÈME SECTION

Des circonstances qui aggravent la culpabilité

Les circonstances aggravantes sont des faits, des circonstances qui attirent sur le délinquant une peine plus forte que celle qu'il aurait subie dans des circonstances ordinaires.

Les circonstances aggravantes ne peuvent exister qu'en vertu d'un texte de loi.

Sans doute certaines circonstances défavorables au délinquant pourront déterminer le juge à lui appliquer le *maximum* de la peine ordinaire; mais ce n'est pas des aggravations de cette espèce que nous avons à nous occuper, mais seulement de celles qui ont été spécialement prévues et réglées par la loi.

Les circonstances aggravantes sont *générales* ou *spéciales*, suivant qu'elles régissent tous les cas, un certain nombre de cas ou un cas déterminé.

Celles de la première espèce sont fondées sur la

réitération des délits ou récidive, et sur la qualité de fonctionnaire public chez le délinquant.

Celles de la seconde espèce résultent de circonstances nombreuses que nous trouvons dans divers articles du Code pénal et ailleurs. Telles sont, chez le délinquant, les qualités de dépositaire public (art. 255), de ministre du culte (art. 333), de père, mère, tuteur, etc. (art. 334), de gardien des scellés (251 et 252), de serrurier (399). Certaines sont fondées sur la préméditation (232, 310, 311); d'autres sur le nombre des délinquants (210, 211, 333, 38 à 388), etc.

Nous allons nous occuper spécialement des aggravations générales résultant de la récidive, et nous nous contenterons de renvoyer au texte de l'article 198 pour l'aggravation qui résulte de la qualité du fonctionnaire public.

De la Récidive.

Récidive vient de *recidere*. C'est une nouvelle chute de l'agent. Mais cette étymologie convient peut-être mieux aux délits cumulés (art. 365 C. d'inst. crim.) qu'aux récidives, telles qu'elles sont envisagées par nos lois pénales.

La récidive peut être définie : le fait d'un individu qui commet une nouvelle infraction à la loi après une condamnation.

L'effet de la récidive est une aggravation de peine.

Toutes les législations, à commencer par la législation romaine, renferment des pénalités contre la récidive. Les unes prononcent des peines spéciales; les autres, c'est le plus grand nombre, en font une circonstance aggravante.

La récidive peut avoir lieu : 1° de crime à crime; 2° de délit à crime; 3° de crime à délit; 4° de délit à délit.

L'art. 56 règle la première hypothèse; les art. 57 et 58 les trois autres.

§ I. — *Récidive de crime à crime.*

« Art. 56. Quiconque, ayant été *condamné à une* « *peine afflictive ou infamante*, aura commis un « second crime emportant, comme peine principale, « la dégradation civique, sera condamné à la peine « du bannissement.

« Si le second crime emporte la peine du bannis- « sement, il sera condamné à la peine de la déten- « tion.

« Si le second crime emporte la peine de la réclu- « sion, il sera condamné à la peine des travaux « forcés à temps.

« Si le second crime emporte la peine de la déten- « tion, il sera condamné au *maximum* de la même « peine, laquelle pourra être élevée jusqu'au double.

« Si le second crime emporte la peine des tra- « vaux forcés à temps, il sera condamné au *maxi-*

« *mum* de la même peine, laquelle pourra être « élevée jusqu'au double.

« Si le second crime emporte la peine de la dépor- « tation, il sera condamné aux travaux forcés à per- « pétuité.

« Quiconque, ayant été condamné aux travaux « forcés à perpétuité, aura commis un second crime « emportant la même peine, sera condamné à la « peine de mort.

« Toutefois, l'individu condamné par un tribunal « militaire ou maritime ne sera, en cas de crime « ou délit postérieur, passible des peines de la réci- « dive qu'autant que la première condamnation au- « rait été prononcée pour des crimes ou délits punis- « sables d'après les lois pénales ordinaires. »

Le système de 1810 consistait à appliquer au second crime la peine immédiatement supérieure à celle qui aurait été infligée au coupable s'il avait été condamné pour la première fois.

Ce système a été modifié en partie par la loi de révision du 28 avril 1832. Il a été maintenu dans les trois premiers paragraphes du nouvel article 56, mais il a été remplacé dans les deux suivants par un système d'aggravation de peine seulement; c'est-à-dire qu'au lieu d'appliquer la peine supérieure dans l'échelle des châtiments, le législateur de 1832 s'est contenté de porter au *maximum*, et même au double du *maximum*, s'il y a lieu, la peine encourue par le coupable du nouveau crime. La loi de 1832 n'a pas voulu permettre aux juges de passer des peines temporaires aux peines perpétuelles.

Cependant, cette loi n'est pas exempte elle-même de rigueurs excessives. Il est regrettable que, de la déportation, la récidive fasse passer aux travaux forcés.

Il suffisait, d'après le Code de 1810, qu'un individu eût été condamné aux travaux forcés à temps pour être condamné à mort dans le cas où le nouveau crime était punissable des travaux forcés à perpétuité. Il faut aujourd'hui que la première condamnation soit celle des travaux forcés à perpétuité. La rigueur est encore bien grande, mais heureusement elle sera toujours tempérée dans la pratique par l'usage de cette innovation pleine de sagesse et d'humanité qu'on nomme les *circonstances atténuantes*.

Une condition essentielle pour l'élévation ou l'aggravation des peines par l'effet de la récidive, est que le coupable ait été déjà *condamné;* il ne suffit pas qu'il ait commis des crimes ou délits non suivis de condamnation.

Mais, à tort peut-être, la loi n'a établi aucune différence entre les condamnations, en sorte que les condamnations par contumace ou par défaut peuvent servir de base aux effets de la récidive. Mais il faut qu'elles soient inattaquables.

La prescription de la peine n'efface pas la condamnation; en conséquence, elle ne fait pas obstacle aux effets de la récidive.

Il faut en dire autant de la réhabilitation, qui n'efface pas *tous les effets* de la condamnation, et qui fait cesser seulement, pour l'avenir, les *incapacités* qui résultaient de la condamntion (art. 634 C. d'inst. crim.).

Il en est, *a fortiori*, de même de la grâce accordée par le chef de l'Etat.

Mais il en est autrement de l'amnistie, qui efface la condamnation et ses effets.

Les récidives sont *générales* ou *spéciales;* générales, en ce sens que, du moins ordinairement, une première condamnation pour une infraction d'une certaine espèce, exerce son influence sur la peine encourue pour une infraction d'une autre espèce. Ainsi, les effets de la récidive s'étendent d'une condamnation pour faux à un crime de brigandage. Les récidives spéciales sont celles qui n'ont lieu qu'autant que le second méfait est de même nature que celui qui a motivé la première condamnation.

Ce que nous avons dit sur la récidive générale ne doit pas être trop étendu; ainsi, la raison n'admet pas les effets de la récidive quand la première condamnation regarde les matières politiques; tandis que la seconde est la conséquence d'un délit ordinaire et réciproquement. En un mot, pas de récidives entre crimes ou délits politiques et crimes ou délits de droit commun, mais seulement entre crimes ou délits ordinaires et crimes ou délits ordinaires, sauf l'exception relative à la déportation.

§ 2. — *Récidive de délit à crime.*

Le législateur n'a pas édicté de peine spéciale. La distance entre la peine correctionnelle et la peine criminelle est assez grande pour que le délinquant soit puni assez efficacement par l'application de la dernière. Le juge, d'ailleurs, pourra, suivant les circonstances, se montrer sévère en usant de la faculté que la loi lui donne ordinairement de se mouvoir entre un *minimum* et un *maximum*.

§ 3. *Récidive de crime à délit.*

« Art. 57. Quiconque ayant été condamné, pour « crime, *à une peine supérieure à une année d'em-* « *prisonnement*, aura commis un délit *ou un crime* « *qui devra n'être puni que de peines correction-* « *nelles*, sera condamné au *maximum* de la peine « portée par la loi, et cette peine pourra être élevée « jusqu'au double. *Le condamné sera de plus mis* « *sous la surveillance de la haute police pendant* « *cinq ans au moins et dix ans au plus.* » (Loi du 13 mai 1863.)

L'art. 57 a subi trois modifications. Ces mots : *Quiconque ayant été condamné pour crime* avaient été interprétés par la Cour de Cassation en ce sens que la récidive devait dépendre de la qualification de la *poursuite* et non de la nature de la peine prononcée par le juge; en sorte que l'individu qui avait été poursuivi comme coupable de crime et qui, par suite d'une excuse ou de l'élimination par le jury de quelque circonstance aggravante, n'était condamné qu'à une peine correctionnelle, subissait les effets de la récidive lors même que, par l'effet de circonstances atténuantes, il n'aurait été condamné qu'à un emprisonnement de quelques jours. La Cour de Cassation était en désaccord sur ce point avec une grande partie de la doctrine.

La nouvelle loi a basé la récidive sur la peine prononcée et elle a exigé que cette peine fût *supérieure à une année* d'emprisonnement.

Voici comment le rapport de la commission s'exprime sur ce point : « Si le fait poursuivi comme crime est passible d'une peine afflictive et infamante, et n'est puni que d'une peine correctionnelle, soit parce qu'il se dépouille aux débats de quelque circonstance aggravante, soit parce qu'il est modifié par l'admission d'un cas d'excuse ou par l'application de circonstances atténuantes, il serait trop rigoureux de continuer à le considérer comme un crime et de faire de sa première qualification le point de départ d'une récidive. »

§ 4. *Récidive de crime à crime, lorsque le premier a été puni d'une peine supérieure à une année d'emprisonnement.*

Ce cas de récidive forme la deuxième innovation introduite dans l'art. 57 du Code pénal par la loi du 13 mai 1863.

§ 5. *Récidive de crime à délit, lorsque ce crime a été puni d'une peine supérieure à une année d'emprisonnement.*

Ce cas existait déjà, mais avec cette différence, comme nous l'avons déjà dit, que la récidive était basée sur la qualification de la poursuite, tandis que maintenant il faut que le crime ait été puni d'une peine supérieure à une année d'emprisonnement.

Dans les divers cas de l'art. 57, l'effet de la récidive élève la peine au *maximum*, lequel peut être porté jusqu'au double.

La troisième modification consiste à mettre le condamné sous la surveillance de la haute police pour cinq ans au moins et dix ans au plus. Mais cette peine accessoire peut disparaître devant la déclaration de circonstances atténuantes.

§ 6. *Récidive de délit à délit.*

« Art. 58. Les coupables condamnés correction-
« nellement à un emprisonnement de plus d'une

« année seront aussi, en cas de nouveau délit, *ou de* « *crime qui ne devra être puni que de peines correc-* « *tionnelles*, condamnés au *maximum* de la peine « portée par la loi, et cette peine pourra être élevée « jusqu'au double ; ils seront de plus mis sous la « surveillance spéciale du gouvernement pendant au « moins cinq ans et dix ans au plus. »

Ce cas se trouvait dans l'art 58, avant la loi de 1863. Notez qu'il faut que le premier délit ait été puni d'un emprisonnement de plus d'une année.

§ 7. *Récidive de délit à crime puni de peines correctionnelles.*

C'est une innovation apportée à l'art. 58 par la loi du 13 mai 1863.

On voit par la simple lecture du texte en quoi consiste l'aggravation de peine.

Encore ici, nous dirons que la serveillance de la haute police peut disparaître devant des circonstances atténuantes.

Notons bien aussi que les circonstances atténuantes peuvent faire abaisser l'aggravation résultant de la récidive.

Ce concours de circonstances atténuantes et de circonstances aggravantes ne doit pas nous étonner. Les circonstances aggravantes, telles que la qualité de fonctionnaire public, l'escalade, la récidive, etc., n'excluent pas, par exemple, un mauvais procédé, une injustice, de mauvais traitements de la part du patient envers le coupable.

De la récidive en matière de contraventions.

La loi reconnaît trois catégories de contraventions:

La première catégorie comprend les contraventions punies de 1 à 5 francs d'amende. La récidive a pour conséquence, indépendamment de l'amende, un emprisonnement de 1 à 3 jours. (Art. 471 et 474 du Code pénal.)

La seconde comprend les contraventions punies de 6 à 10 francs d'amende. En cas de récidive, la loi prononce un emprisonnement qui peut varier de un à cinq jours. (Art. 475 et 478.)

La troisième comprend celles qui sont punies de 11 à 15 francs d'amende. La récidive a pour conséquence, en outre, un emprisonnement de 5 jours. (479, 482).

On voit que les effets de la récidive sont réglés séparément pour chaque classe, en sorte que la condamnation pour une contravention appartenant à une classe ne subit pas les conséquences d'une condamnation prononcée précédemment contre le prévenu pour une contravention appartenant à une autre classe.

QUATRIÈME SECTION

Des circonstances qui excluent la culpabilité

1° *De la démence.*

« Art. 64. Il n'y a ni crime ni délit lorsque le pré-
« venu était en état de démence au temps de l'action,
« ou lorsqu'il a été contraint par une force à laquelle
« il n'a pu résister. »

Une règle commune à tous les prévenus, soit du fait principal, soit de complicité, est qu'on ne peut déclarer coupable celui qui était en état de démence au temps de l'action, ou qui, malgré la plus vive résistance, n'a pu se dispenser de céder à la force. Tout crime ou délit se compose du fait et de l'intention; or, dans les deux cas dont nous venons de parler, aucune intention criminelle ne peut avoir existé de la part des prévenus, puisque l'un ne jouissait pas de ses facultés morales, et qu'à l'égard de l'autre, la contrainte seule a dirigé l'emploi de ses forces physiques (1).

Le Code civil distingue trois genres de folie : l'imbécillité, la démence et la fureur (art. 489).

Les aliénistes en reconnaissent un nombre plus ou moins considérable ; ils sont loin d'être d'accord.

Quoi qu'il en soit, le mot *démence,* dans l'article 64, est synonyme du mot *folie* pris dans son sens vulgaire.

C'est l'état d'un individu qui n'a pas la jouissance de ses facultés mentales.

La démence au moment du délit exclut la culpabilité, parce qu'elle suppose, chez celui qui en est atteint, l'absence d'intention criminelle. C'est, comme on dit, une cause de *justification.*

La folie peut exister à divers degrés. Quand sera-t-il permis de dire que l'agent est dans l'état où il n'y a ni crime ni délit ? La loi ne le dit pas ; c'est, en conséquence, une question abandonnée à la sagesse des juges.

2° *Du somnambulisme.*

Le somnambulisme, le magnétisme et tous ces états naturels, ou surnaturels, suivant quelques personnes, enveloppés de mystères, exagérés par les uns, niés à

---

(1) *Exposé des motifs.*

tort par les autres, exploités par le charlatanisme, excluent-ils la culpabilité? C'est encore une question d'appréciation et une question délicate, car la justice doit veiller à ce que le crime ne trouve pas l'impunité sous le masque du somnambulisme, du magnétisme ou du spiritisme.

3° *De l'ivresse.*

Une question sur laquelle on a beaucoup discuté est celle de l'*ivresse.*

Certains auteurs ont pensé qu'il fallait distinguer entre l'ivresse accidentelle et l'ivresse volontaire. Dans le premier cas, elle ferait disparaître la culpabilité; il en serait autrement dans le second.

Cette distinction n'est pas fondée : ou bien l'agent jouissait de ses facultés, ou bien il en était privé. C'est la seule question à examiner; or, l'ivresse prive l'homme de sa raison. Certes, il ne peut venir à l'idée de personne de montrer de l'indulgence pour l'homme qui ne craint pas de s'abaisser au-dessous de la brute en noyant sa raison dans le vin; (1) mais il s'agit de l'application de ce principe fondamental, qu'il n'y a pas de crime sans intention criminelle. Qu'on punisse directement l'ivresse, si l'on veut, qu'on remette en vigueur les anciennes ordonnances qui l'avaient prévue et punie (1); mais qu'on n'applique pas à un

(1) « Quiconque sera trouvé yvre soit incontinent constitué et

(1) Mais, — imbécile! — n'est-ce pas toi-même

individu une peine pour un crime dont il n'a pas eu conscience.

Suivant Aristote, deux peines devraient être prononcées contre celui qui commet un délit en état d'ivresse : l'une pour le crime, l'autre pour l'ivresse.

Hippocrate, au contraire, prescrit l'ivresse deux fois par mois, comme règle d'hygiène.

La loi romaine la considère comme cause d'excuse (1).

Les lois de l'Angleterre et des États-Unis ne voient dans l'ivresse aucune cause d'excuse.

La législation française n'avait pas, aux dépens des principes fondamentaux, à se montrer sévère pour la répression d'un vice qui, fort heureusement, n'est pas aussi répandu que chez nos alliés d'outre-Manche.

4° *De la contrainte.*

Dans ce cas, comme dans celui de la démence, *il n'y a pas de culpabilité* (art. 64). Nous ne disons pas que l'agent est *excusable*, nous disons qu'il n'est

---

retenu prisonnier au pain sec et à l'eau pour la première fois ; et si secondement il est repris, sera, outre ce que devant, battu de verges ou fouet par la prison, et la tierce fois fustigé publiquement ; et s'il est incorrigible, il sera puni d'amputation d'aureille, d'infamie et de bannissement de sa personne. » *Édit de François I*[er].

(1) *Dig.*, lib. 49, t. XVI, lib. 6, § 7, *De re militari.*

pas coupable; c'est bien différent : les excuses n'effacent pas la culpabilité; elles n'exercent leur influence que sur la pénalité.

Dans le cas de folie, l'agent n'a pas conscience de l'acte répréhensible qu'il commet; dans le cas de contrainte, il n'a pas la liberté de ne pas le commettre ; or, sans intelligence et liberté chez l'agent, il n'y a pas de crime.

Mais de même que nous n'avons pas pu préciser d'une manière exacte les limites qui séparent la culpabilité de la non-culpabilité en cas de démence, de même nous nous trouvons dans l'impossibilité de déterminer le moment précis où finit la liberté, où commence la contrainte. C'est encore une question d'appréciation qu'il faut abandonner à la conscience et au discernement du juge.

Nous ne devons pas craindre de dire, toutefois, que la règle de l'article 1112 du Code civil n'est pas applicable dans toute son étendue. Cet article nous dit : « Il y a violence lorsqu'elle est de nature à faire impression sur une personne raisonnable et qu'elle peut lui inspirer la crainte d'exposer sa personne ou sa fortune à un mal considérable et présent. On a égard, en cette matière, à l'âge et à la condition des personnes. »

Cette règle peut être bonne en matière civile, mais en matière criminelle elle serait défectueuse. La raison ne peut pas admettre, en principe, qu'un individu, pour ne pas exposer sa fortune, consente à commettre un meurtre. Mais en matière criminelle, comme en matière civile, il faudra avoir égard au sexe, à l'âge, à l'éducation de la personne qui a subi l'influence. Toutes les personnes ne sont pas également impressionnables; c'est ce qui fait qu'il n'est pas possible de poser une règle absolue.

La contrainte peut être physique ou morale. La première se présentera bien rarement. Il faudrait supposer la main d'une personne dirigeant la main d'une autre.

La crainte qu'on nomme révérentielle ne rend pas annulables les contrats faits sous cette influence; à plus forte raison, elle ne sera pas une cause de non-culpabilité.

Le domestique agissant par ordre du maître est-il coupable? L'affirmative n'est pas douteuse. Le domestique n'est pas, dans notre société, cet instrument, cet esclave qui ne doit pas avoir de volonté. Il sert en vertu d'un contrat librement consenti et qu'il peut rompre, si son maître veut lui faire commettre un crime.

On s'est demandé si le militaire commettait un crime en exécutant les ordres criminels de son chef. Un officier atteint d'ivresse ou de folie ordonne à la troupe qu'il a sous ses ordres de faire feu sur le public inoffensif; les soldats sont-ils coupables de meurtre volontaire? Les écrivains qui professent la théorie de l'obéissance passive disent que le chef est seul punissable et que les soldats, qui seraient coupables de rébellion, s'ils refusaient d'obéir, ne peuvent être poursuivis pour avoir obéi.

Rejetons bien loin de nous ce raisonnement impie qui donnerait des instruments aussi abjects que dociles à un Néron ou à un Caligula. « L'homme, dit M. Faustin-Hélie, ne peut jamais être réduit à un rôle matériel; sa responsabilité morale est essentielle à son être; nul ne peut lui imposer le sacrifice de sa conscience. Comment comprendre un devoir qui prescrirait l'exécution d'un crime? une loi qui commanderait de fouler aux pieds les lois? L'obéissance hiérarchique est l'un des principes fondamentaux de l'ordre social; mais cette obéissance ne doit être ni aveugle ni passive, elle suppose la légitimité de l'ordre et du commandement, et cette présomption couvre, en général, les actes des agents qui l'ont exécuté. Mais la première ne doit-elle pas cesser quand l'ordre est ouvertement criminel? L'officier qui commanderait de faire feu sur une population paisible, d'incendier la maison d'un citoyen inoffensif, devrait-il être obéi? Et le soldat qui aurait prêté son bras à ces crimes ne serait-il pas coupable de l'incendie et du meurtre (1). »

Certains criminalistes se sont demandé si le mal-

---

(1) Tome I, p. 542.

heureux qui dérobe un pain sous l'influence de la faim doit être condamné.

Le besoin de manger constitue certainement une contrainte plus respectable que celle sous laquelle des soldats prétendraient avoir agi en exécutant les ordres d'un officier en délire. Cependant, il serait dangereux d'ériger en principe que l'individu qui s'approprie sans droit des aliments n'est pas coupable. Il vaut mieux, lorsque nous serons appelés à juger des affaires de cette espèce, acquitter le prévenu, quand nous aurons la conviction qu'il aura été poussé par la faim, et laisser subsister la règle de la culpabilité comme principe d'ordre public. En pareil cas, il faut juger bien plus avec le cœur qu'avec la froide raison.

Certains jurisconsultes déclaraient autrefois excusable l'individu qui volait des vêtements pour couvrir sa nudité. Quelque respectable que soit le mobile qui l'a fait agir, en pareil cas nous ne voyons pas que le coupable ait cédé à une contrainte irrésistible.

5° *Des homicides, blessures et coups ordonnés par l'autorité légitime.*

« Art. 327. Il n'y a ni crime ni délit lorsque l'ho-
« micide, les blessures et les coups étaient ordonnés
« par la loi et commandés par l'autorité légitime. »

Le droit canonique disait : « *Cum homo juste occiditur, lex occidit non tu.* »

Notons bien les deux conditions exigées par la loi : « *ordonnés par la loi et commandés par l'autorité légitime;* » mais il n'est pas nécessaire qu'il y ait *ordre* de la loi, il suffit qu'il y ait *autorisation.*

Le bourreau, qui n'est peut-être pas innocent devant Dieu, est non coupable devant le Code pénal.

Les soldats qui, pendant la guerre, tuent leurs semblables, sont non coupables. Ceux qui ordonnent ces abominables boucheries humaines qu'on nomme des batailles sont-ils toujours innocents devant Dieu? Je voudrais qu'il me fût permis de répondre librement à ces questions.

6° *Légitime défense.*

« Art. 328. Il n'y a ni crime ni délit, lorsque l'ho-
« micide, les blessures et les coups étaient comman-
« dés par la nécessité actuelle de la légitime défense
« de soi-même ou d'autrui. »

« Art. 329. Sont compris dans les cas de nécessité
« actuelle de défense les deux cas suivants :

« 1° Si l'homicide a été commis, si les blessures
« ont été faites, ou si les coups ont été portés en
« repoussant pendant la nuit l'escalade ou l'effrac-
« tion des clôtures, murs ou entrée d'une maison ou

« d'un appartement habité ou de leurs dépendances;
« 2° Si le fait a eu lieu en se défendant contre les
« auteurs de vols ou de pillages exécutés avec vio-
« lence. »

C'est une règle que celui qui est attaqué a le droit de se défendre, et si pour défendre votre vie vous avez besoin de sacrifier celle de l'agresseur, vous êtes *non coupable*.

La loi n'a défini les limites de la légitime défense que d'une manière très-vague; en conséquence, le juge appréciera.

Dans le cas de fausse monnaie, l'art. 138 dispose que « les personnes coupables des crimes mentionnés aux art. 132 et 133 seront exemptes de peine, si avant la consommation de ces crimes et avant toutes poursuites elles en ont donné connaissance et révélé les auteurs aux autorités constituées, ou si, même après les poursuites commencées, elles ont procuré l'arrestation des autres coupables. — Elles pourront néanmoins être mises, pour la vie ou à temps, sous la surveillance spéciale de la haute police. »

Les excuses que nous mentionnons assurent l'impunité ; elles sont *absolutoires*, en d'autres termes. Nous les donnons à titre d'exemples seulement.

Certaines excuses atténuent, mais ne suppriment pas la pénalité.

Ainsi, le mineur de seize ans qui a agi avec discernement jouit d'une excuse fondée sur son âge. Sa peine est atténuée.

La provocation et l'offense sont également des causes d'excuse. L'art. 321 décide que : « le meurtre ainsi que les blessures et les coups sont excusables, s'ils ont été provoqués par des coups ou violences graves envers les personnes. »

L'art. 322 dispose que : « les crimes et délits mentionnés au précédent article sont également excusables, s'ils ont été commis en repoussant pendant le jour l'effraction des clôtures, murs ou entrée d'une maison ou d'un appartement habité ou de leurs dépendances. »

L'art. 324 : que, « dans le cas d'adultère prévu par l'art. 336, le meurtre commis par l'époux sur son épouse, ainsi que sur le complice, à l'instant où il les surprend en flagrant délit, dans la maison conjugale, est excusable. »

En fait, le jury déclare les maris *non coupables.*

L'art. 325, que : « le crime de castration, s'il a été immédiatement provoqué par un outrage violent à la pudeur, sera considéré comme meurtre ou blessures excusables. »

L'art. 326 règle ainsi les peines, qui, par suite de l'atténuation, sont portées contre les coupables auxquels se rapportent les art. 321, 322, 324, 325 : « S'il s'agit d'un crime emportant la peine de mort ou celle des travaux forcés à perpétuité, ou celle de la déportation, la peine sera réduite à un emprisonnement d'un an à cinq ans ; s'il s'agit de tout autre crime, elle sera réduite à un emprisonnement de six mois à deux ans. — Dans ces deux premiers cas, les coupables pourront, de plus, être mis par l'arrêt ou le jugement sous la surveillance de la haute police pendant cinq ans au moins et dix ans au plus.—S'il s'agit d'un délit, la peine sera réduite à un emprisonnement de six jours à six mois. »

L'art. 323 dispose que « le parricide n'est jamais excusable ; » mais il ne doit pas être pris à la lettre. La loi ne se réfère qu'aux articles qui précèdent et qui sont relatifs à la provocation ; mais assurément cet article ne déroge pas à l'art. 67, qui déclare excusable le mineur qui agit avec discernement. Nous ne parlons pas du cas où il agit *sans discernement*, car alors *il n'est pas coupable.*

Les excuses sont *générales* ou *spéciales.*

Les premières sont celles qui s'appliquent à tous les cas. Elles sont au nombre de deux, l'une fondée sur l'âge du délinquant, l'autre sur la provocation. Cependant, nous avons vu que, par exception, la provocation ne rend pas le parricide excusable. Mais il est bien certain que ce qui ne constituerait pas une excuse pourrait bien donner lieu à une déclaration de *non-culpabilité* de la part du jury, suivant les circonstances.

Les excuses spéciales sont celles qui sont applicables à certains cas ; toutes celles que nous avons énumérées, sauf les deux dernières, c'est-à-dire celles qui sont fondées sur l'âge et sur la provocation sont spéciales.

Nous allons nous occuper de l'excuse des mineurs de seize ans.

De l'excuse fondée sur l'âge.

« Art. 66. Lorsque l'accusé aura moins de seize

« ans, s'il est décidé qu'il a agi *sans discernement*,
« il sera acquitté ; mais il sera, selon les circons-
« tances, remis à ses parents, ou conduit dans une
« maison de correction, pour y être élevé et détenu
« pendant tel nombre d'années que le jugement
« déterminera, et qui toutefois ne pourra excéder
« l'époque où il aura accompli sa vingtième année. »

Il faut entendre par individus âgés de moins de seize ans ceux qui n'ont pas seize ans accomplis, quoique la quinzième année soit révolue au moment du crime ou du délit. Cet article prévoit le cas où l'enfant *n'est pas coupable*, bien qu'il soit l'auteur du fait qui pourrait l'inculper s'il avait atteint l'âge de raison. L'enfant, dans ce cas, est dans une position bien plus favorable que s'il était *excusable* ; il est *acquitté*.

Le juge pourra le rendre à ses parents, s'il estime qu'il trouvera dans sa famille de bons exemples et les soins moraux qui lui sont nécessaires ; sinon, il l'enverra dans une *maison de correction* pour un temps qui ne pourra excéder sa vingtième année, mais qui pourra être moindre. Cette maison de correction ne doit pas être une *prison*, mais un asile où l'enfant recevra l'éducation morale, intellectuelle et professionnelle, s'il y a lieu, qu'il n'aurait pas trouvée dans sa famille. Voilà pour le cas où l'enfant a agi *sans discernement*, c'est-à-dire sans se rendre compte de l'immoralité de son acte.

Son *acquittement* ne permet pas qu'il soit condamné aux frais du procès, tandis que l'*absolution* n'y ferait pas obstacle.

Passons au cas où il a agi avec discernement.

« Art. 67. S'il est décidé qu'il a agi *avec discer-* « *nement*, les peines seront prononcées ainsi qu'il « suit :

« S'il a encouru la peine de mort, des travaux « forcés à perpétuité, de la déportation, il sera con- « damné à la peine de dix à vingt ans d'emprison- « nement dans une maison de correction.

« S'il a encouru la peine des travaux forcés à « temps, de la détention ou de la réclusion, il sera « condamné à être renfermé dans une maison de « correction pour un temps égal au tiers au moins « et à la moitié au plus de celui pour lequel il au- « rait pu être condamné à l'une de ces peines.

« Dans tous les cas, il pourra être mis, par l'arrêt « ou le jugement, sous la surveillance de la haute « police pendant cinq ans au moins et dix ans au « plus.

« S'il a encouru la peine de la dégradation civi- « que ou du bannissement, il sera condamné à être « enfermé, d'un an à cinq ans, dans une maison de « correction. »

« Art. 69. Dans tous les cas où le mineur de « seize ans n'aura commis qu'un simple délit, la « peine qui sera prononcée contre lui ne pourra

14

« s'élever au-dessus de la moitié de celle à laquelle « il aurait pu être condamné s'il avait eu seize ans.»

Il s'agit ici d'un cas d'excuse fondée sur l'âge. Mais, comme l'enfant s'est rendu compte de l'immoralité du fait qu'on lui reproche, bien qu'il ne soit pas en état de sentir toute la gravité de sa faute, il sera frappé d'une peine, mais d'une peine moindre que celle qui serait infligée à une personne jouissant de la plénitude de sa raison. La loi n'a pas voulu flétrir, au début de la vie, un enfant qui pourra devenir un honnête homme, et elle a commué, en sa faveur, les peines infamantes en peines de police correctionnelle. Elle consent à le traiter avec indulgence, et elle ose, comme dit l'exposé des motifs, le confier à ses remords.

Il résulte du deuxième paragraphe de l'article 67 que si le mineur de seize ans, qui a agi avec discernement, a encouru la peine de mort, des travaux forcés à perpétuité, de la déportation, il sera condamné à une peine de dix à vingt ans d'emprisonnement. C'est un des cas où, par exception, la durée de l'emprisonnement est supérieure à cinq ans.

Ce paragraphe ne présente pas de difficultés. D'après le 3e paragraphe, si le mineur a encouru la peine des travaux forcés à temps, de la détention, de la réclusion, il sera condamné à un emprisonnement dont la durée est égale au tiers au moins et à la moitié au plus de la durée de l'une de ces peines, si elle avait été prononcée contre lui.

On s'est demandé si la durée de l'emprisonnement fixée par ce paragraphe devait s'entendre du tiers au moins, de la moitié au plus, du *maximum* ou du *minimum* des travaux forcés, de la détention, de la réclusion, suivant le cas.

Nous disons qu'il ne s'agit nécessairement ni du *minimum* ni du *maximum*; le juge qui aurait pu condamner un coupable ordinaire pour un temps compris entre le *maximum* et le *minimum*, pourra également condamner le mineur à un emprisonnement variable entre le tiers et la moitié du temps pour lequel il aurait pu être condamné s'il avait été âgé de plus de 16 ans.

Exemples : un coupable ordinaire aurait pu être condamné à 5 ans de travaux forcés, ce qui est le *minimum*, le mineur de 16 ans pourra être condamné à 20 mois de prison au moins, 2 ans et 6 mois au plus.

Un coupable ordinaire aurait été condamné à 20 ans au plus de travaux forcés; le mineur de seize ans sera condamné à 6 ans et 8 mois au moins, et à dix ans, au plus, d'emprisonnement.

Un coupable ordinaire aurait pu être condamné à 12 ans, par exemple, de travaux forcés; le mineur de 16 ans sera condamné à un emprisonnement de 4 ans au moins, de 6 ans au plus.

Il résulte du 4ᵉ paragraphe que le mineur, dans les cas des 2ᵉ et 3ᵉ paragraphes, *peut* être mis sous la surveillance de la police pendant 5 ans au moins et 10 ans au plus.

Aux termes du dernier paragraphe, il est punissable d'un emprisonnement de 1 an à 5 ans, lorsqu'il a encouru la peine de la dégradation civique ou du bannissement.

Nous ne reviendrons pas sur l'article 69, qui ne présente pas de difficultés.

L'atténuation des peines, à raison de l'âge, ne fait pas obstacle à une nouvelle atténuation par l'application de l'article 463, qui règle l'effet des circonstances atténuantes.

« Art. 68. L'individu âgé de moins de 16 ans qui
« n'aura pas de complices présents au-dessus de cet
« âge, et qui sera prévenu de crimes autres que ceux
« que la loi punit de la peine de mort, de celle des
« travaux forcés à perpétuité, de la peine de la dé-
« portation ou de celle de la détention, sera jugé par
« les tribunaux correctionnels, qui se conforme-
« ront aux deux articles ci-dessus. »

Cet article a dérogé aux règles de la compétence, nous n'osons pas dire *en faveur* des mineurs de 16 ans accusés de crimes, car la juridiction des Cours d'assises était certainement préférable à celle des Tribunaux correctionnels.

Si nous ne consultons que l'intention du législateur, nous voyons qu'il a voulu soustraire les affaires intéressant les mineurs à cette grande publicité, à cette grande solennité qui accompagnent les assises. Cette disposition, mauvaise en elle-même, a été introduite dans le Code, par le législateur de 1832, comme une amélioration.

Cependant, la règle de l'article 68 n'est pas sans exceptions ; ainsi, les mineurs de 16 ans accusés de crimes sont justiciables encore des Cours d'assises :

1° Lorsqu'ils ont des complices présents et âgés de plus de 16 ans ; c'est pour éviter les inconvénients qu'il y aurait eu à diviser la procédure ;

2° Lorsque le crime est un de ceux que la loi punit de la peine de mort, des travaux forcés à perpétuité, de la déportation, de la détention.

Comment prouvera-t-on que l'accusé est mineur de 16 ans ? Par l'acte de naissance, qui est le moyen ordinaire de prouver l'âge des personnes.

Mais il peut arriver que le mineur n'ait pas en sa possession un acte naissance ; que faire en pareil cas ? Dira-t on que le mineur ne pourra pas bénéficier de l'excuse fondée sur son âge ? Ce serait inhumain ; et rien dans la loi n'empêche de soumettre au jury la question de savoir si le mineur est âgé de moins de 16 ans. C'est une question d'appréciation comme une autre.

Il résulte de ce qui précède que les mineurs de seize ans qui ont agi avec discernement diffèrent des coupables ordinaires sous trois rapports :

1° Il y a présomption de non-culpabilité en leur faveur. Il s'ensuit qu'ils ne sont pas obligés de prouver leur défaut de discernement ; c'est au ministère public de prouver qu'ils comprenaient l'immoralité de leur action ;

2° Ils sont justiciables de la police correctionnelle, même lorsqu'ils sont prévenus de crimes, à moins qu'ils ne se trouvent dans un des cas exceptés par la loi ;

3° Les peines qu'ils encourent sont atténuées.

Nous verrons dans l'instruction criminelle comment la question de discernement est posée au jury.

La loi n'exige pas que le tuteur soit appelé aux débats pour contribuer à défendre son pupille ; cependant il devrait y figurer s'il y avait une partie civile, car c'est une règle que le mineur ne peut pas soutenir les procès civils qui l'intéressent et que le tuteur le représente. Elle aurait peut-être agi sagement en exigeant que le tuteur, son protecteur légal, figurât même au procès criminel pour le défendre.

« Art. 70. Les peines des travaux forcés à perpé-« tuité, de la déportation et des travaux forcés à « temps, ne seront prononcées contre aucun indi-« vidu âgé de *soixante-dix ans* accomplis au mo-« ment du jugement. »

« Art. 71. Ces peines seront remplacées, à leur « égard, savoir : celle de la déportation, par la déten-« tion à perpétuité, et les autres, par celles de la ré-

« clusion, soit à perpétuité, soit à temps, selon la « durée de la peine qu'elle remplacera. »

« Art. 72. Tout condamné à la peine des travaux « forcés à perpétuité ou à temps, dès qu'il aura atteint « l'âge de *soixante-dix ans* accomplis, en sera relevé, « et sera renfermé dans la maison de force pour « tout le temps à expirer de sa peine, comme s'il « n'eût été condamné qu'à la réclusion. »

L'enfance exclut ou atténue la culpabilité. La vieillesse ne produit pas le même effet. L'expérience et l'apaisement des passions militeraient plutôt contre le vieillard qu'en sa faveur.

Cependant, si, en fait, un homme était retombé dans la faiblesse morale de l'enfance, sous le poids des années, les jurés devraient le déclarer *non coupable*. Mais il n'existe à son profit aucune présomption de la loi.

Comme la poine des travaux forcés, surtout, serait accablante et inhumaine pour les vieillards, le législateur a établi une commutation de peine en leur faveur. Les articles qui précèdent ont été modifiés par la loi du 30 mai 1854, en ces termes : « Les peines des travaux forcés à perpétuité et des travaux forcés à temps ne seront prononcées contre aucun individu âgé de *soixante ans* accomplis au moment du jugement ; elles seront remplacées par celle de la réclusion, soit à perpétuité, soit à temps, selon la durée de la peine qu'elle remplacera. »

SIXIÈME SECTION

Circonstances atténuantes

« Art. 463 (1). Les peines prononcées par la loi « contre celui ou ceux des accusés reconnus coupa- « bles en faveur de qui le jury aura déclaré des cir- « constances atténuantes seront modifiées ainsi qu'il « suit :

« Si la peine prononcée par la loi est la mort, la « Cour appliquera la peine des travaux forcés à per- « pétuité ou celle des travaux forcés à temps.

« Si la peine est celle des travaux forcés à perpé- « tuité, la Cour appliquera la peine des travaux forcés « à temps ou celle de la réclusion.

« Si la peine est celle de la déportation dans une « enceinte fortifiée, la Cour appliquera celle de la « déportation simple ou celle de la détention; mais « dans les cas prévus par les art. 96 et 97, la peine « de la déportation simple sera seule appliquée.

(1) Rectifié d'après la loi du 13 mars 1863.

« Si la peine est celle de la déportation, la Cour « appliquera la peine de la détention ou celle du ban- « nissement.

« Si la peine est celle des travaux forcés à temps, « la Cour appliquera la peine de la réclusion ou les « dispositions de l'art. 401, sans toutefois pouvoir « réduire la durée de l'emprisonnement au-dessous « de deux ans.

« Si la peine est celle de la réclusion, de la déten- « tion, du bannissement ou de la dégradation civique, « la Cour appliquera les dispositions de l'art. 401, « sans toutefois pouvoir réduire la durée de l'empri- « sonnement au-dessous d'un an.

« Dans le cas où le Code prononcera le *maximum* « d'une peine afflictive, s'il existe des circonstances « atténuantes, la Cour appliquera le *minimum* de la « peine ou même la peine inférieure.

« Dans tous les cas où la peine de l'emprisonne- « ment et celle de l'amende sont prononcées par « le Code pénal, si les circonstances paraissent at- « ténuantes, les tribunaux correctionnels sont auto- « risés, même en cas de récidive, à réduire ces deux « peines comme suit : Si la peine prononcée par la « loi, soit à raison de la nature du délit, soit à rai- « son de l'état de récidive du prévenu, est un em- « prisonnement dont le *minimum* ne soit pas infé- « rieur à un an ou une amende dont le *minimum* « ne soit pas inférieur à 500 francs, les tribunaux « pourront réduire l'emprisonnement jusqu'à six « jours et l'amende jusqu'à 16 francs. Dans tous

« les autres cas, ils pourront réduire l'emprisonne-
« ment même au-dessous de six jours, et l'amende
« même au-dessous de seize francs. Ils pourront aussi
« prononcer séparément l'une ou l'autre de ces peines
« et même substituer l'amende à l'emprisonnement,
« sans qu'en aucun cas elle puisse être au-dessous
« des peines de simple police. »

Les circonstances atténuantes, comme l'indique leur nom, sont des circonstances, des faits non prévus par le législateur, mais abandonnés à la conscience des juges ou des jurés, qui diminuent les peines portées par la loi.

Dans notre ancien droit, les peines étaient *arbitraires*. Le juge avait le droit de les proportionner à la gravité du délit. Ce pouvoir exorbitant avait engendré des abus auxquels remédia l'Assemblée constituante. Mais le remède fut trop énergique, et d'un mal on tomba dans un autre. Le système des peines *fixes* remplaça celui des peines arbitraires en matière criminelle. Or, comme la culpabilité varie suivant les circonstances et les individus, les juges se trouvaient obligés souvent de prononcer des peines insuffisantes ou trop rigoureuses. Il en résultait que la conscience du juge hésitait entre l'injustice d'une peine trop sévère et un acquittement immérité.

Le Code de 1810 admit, pour la plupart des cas, un *minimum* et un *maximum*, en même temps que les circonstances atténuantes pour les *peines correctionnelles*.

Chose incroyable! le législateur de 1810 repoussa les *circonstances atténuantes* en matière criminelle sous le prétexte qu'elles porteraient atteinte au principe d'après lequel le droit de *commuer les peines* n'appartient qu'au souverain! Comme si proportionner le châtiment à la faute c'était commuer la peine!

C'est la loi de révision du 28 avril 1832 qui a introduit dans notre législation criminelle les *circonstances atténuantes*. A cette époque, on avait fait l'expérience du Code pénal et de ses rigueurs excessives. L'opinion publique réclamait des réformes à l'effet de mettre en harmonie notre législation criminelle avec les mœurs et la civilisation. Le législateur ne pouvait pas, sans entreprendre un immense travail, refaire le Code pénal; il fallait du moins pourvoir au plus pressé, et l'une de ses principales innovations, nous pouvons bien dire la plus importante, la plus humaine, fut celle de l'art. 463, relative aux circonstances atténuantes.

Des questions très-élevées, des problèmes très-graves étaient discutés comme ils sont aujourd'hui. Cette terrible question de la peine de mort troublait l'esprit du juge; l'assimilation du complice à l'auteur paraissait, dans beaucoup de cas, d'une rigueur excessive; la récidive produit des effets que ne justifie pas toujours la première condamnation, etc. Les circonstances atténuantes furent regardées par le législateur comme le meilleur moyen de proportionner la peine à la gravité de l'infraction. Un jury qui n'est point partisan de la peine de mort peut faire une déclaration de circonstances atténuantes et l'abolir, pour le cas particulier du moins. C'est une anomalie. Le législateur, embarrassé lui-même de la terrible question, abandonne son siége et le cède au jury. Le jour où il n'a pas osé prendre sur lui la responsabilité de la peine de mort il a brisé l'un des poteaux qui soutiennent le hideux instrument de Guillotin. Ce que la loi n'a pas encore fait, la civilisation, les progrès de la morale publique l'obtiendront.

L'art. 463 distingue deux espèces de circonstances atténuantes : les unes regardent les crimes, les autres les délits.

Les premières peuvent s'appliquer non-seulement aux peines contenues dans le Code pénal, mais encore dans les lois spéciales; c'est ce qui résulte de certaines expressions de cet article. Ainsi le paragraphe 1er parle à cette occasion des peines *prononcées par la loi* en général et non par le Code pénal.

Les circonstances atténuantes en matière de délits, au contraire, ne peuvent être déclarées, selon l'opinion générale, qu'autant qu'il s'agit de peines prononcées *par le Code pénal;* c'est l'expression même de l'article, et cette opposition entre les deux cas prouve bien, dit-on, que le législateur a voulu faire une restriction. La cause de cette différence viendrait de ce que le législateur a pensé que le peu de gravité relative des délits ne faisait pas une nécessité d'établir une règle générale.

Les circonstances atténuantes peuvent-elles être admises en faveur des contumaces? La question est controversée.

Premier système. Les circonstances atténuantes sont de la compétence du jury; or, aux termes de l'art 471 du Code pénal, le jury n'intervient pas dans les condamnations par contumace; donc, une déclaration de circonstances atténuantes n'est pas possible.

Deuxième système. Les circonstances atténuantes peuvent être admises par la Cour. Qui peut plus peut moins: si les magistrats peuvent prononcer même l'aquittement du contumace, ils peuvent, *a fortiori*, reconnaître en sa faveur des circonstances atténuantes. Cette opinion est conforme à l'esprit de la loi. Le Code n'a parlé que du cas le plus ordinaire; mais rien ne prouve qu'il ait voulu limiter le bienfait des circonstances atténuantes aux condamnations contradictoires.

Il résulte du texte de l'art. 463 du Code pénal que la déclaration de circonstances atténuantes a pour effet de permettre aux juges d'abaisser d'un degré et même de deux, dans certains cas, les peines légales.

Depuis la loi de 1832, la faculté qu'ont les jurés et les juges de tenir compte des circonstances atténuantes a produit les plus heureux résultats. On a cessé de voir ces acquittements arbitraires qui étaient la seule ressource des juges placés entre leur conscience et des peines exorbitantes.

Les criminalistes et les magistrats étaient également satisfaits. Le public n'élevait aucune de ces plaintes qui accusent le vice d'un système défectueux. Cependant on a vu paraître un projet de loi qui modifiait un grand nombre d'articles du Code pénal et notamment cet article 463, sans contredit le plus important de tous par le sentiment d'humanité qui l'a fait introduire dans la législation criminelle.

Les modifications qu'il a subies sont au nombre de deux; la première n'a pas une grande importance; elle n'a surpris personne. Elle a eu pour but de mettre le texte du Code en harmonie avec la loi du 8 juin 1850, qui a remplacé la peine de mort par la déportation dans une enceinte fortifiée.

Le deuxième paragraphe était ainsi conçu :

« Néanmoins, s'il s'agit de crimes contre la sûreté extérieure ou intérieure de l'État, la Cour appliquera la peine de la *déportation* ou celle de la détention; mais dans les cas prévus par les art. 86, 96, et 97, elle appliquera la peine des *travaux forcés à perpétuité* ou celle des *travaux forcés à temps.* »

La nouvelle rédaction porte, en conséquence:

« Si la peine est celle de la déportation dans une

enceinte fortifiée, la Cour appliquera celle de la *déportation simple* ou celle de la détention ; mais dans tous les cas prévus par les art. 96 et 97, la peine de la *déportation simple* sera seule prononcée. »

Ce paragraphe est la reproduction de l'art. 2 de la loi du 8 juin 1850, sauf l'art. 86, qui ne pouvait plus figurer dans la loi du 8 juin depuis la loi du 10 juin 1853, qui a rétabli la peine de mort pour les attentats contre l'Empereur.

Quant aux art. 96 et 97, il n'en est plus question, parce que la peine de mort étant abolie pour les hypothèses qu'ils concernent, la peine de la déportation dans une enceinte fortifiée se trouve tout naturellement substituée.

La seconde modification est plus grave et c'est elle surtout qni a motivé les reproches très-vifs et mérités, suivant nous, qu'on a adressés à la loi du 13 mai 1863. Elle a restreint la *faculté* qu'avait le juge, en matière correctionnelle, de réduire les condamnations.

Avant cette innovation, le juge trouvait dans le dernier paragraphe de l'art. 463 le moyen de tenir compte de tous les degrés, de toutes les nuances de la culpabilité.

Maintenant la loi oppose une barrière à sa conscience, et elle veut qu'il prononce quand même l'emprisonnement, dans certains cas, comme il apparaît à la simple lecture du dernier paragraphe de l'art. 63. Les limites au pouvoir du juge étaient bien plus étroites dans le projet de loi. Fort heureusement, la Chambre des députés a refusé de voter le projet tel qu'il était en sortant du Conseil d'État.

La nouvelle loi modifie soixante-cinq articles. Elle se distingue surtout par la *correctionnalisation*, comme on a dit souvent dans les débats de la Chambre. C'est une fâcheuse tendance qui consisterait, dans l'impossibilité morale où l'on est de supprimer le jury, à transformer des crimes en délits pour les soustraire aux cours d'assises et les attribuer aux tribunaux de police correctionnelle. Il vaudrait bien mieux étendre la compétence des cours d'assises et restreindre celle des tribunaux correctionnels.

SEPTIÈME SECTION

Des personnes responsables

La loi donne contre l'auteur ou le complice d'un délit deux actions, l'une, exercée au nom de la société par le ministère public pour l'application de la loi pénale, l'autre, intentée par la partie lésée pour la réparation du préjudice matériel ou moral.

La première est l'action publique.

La seconde, l'action civile.

L'action publique ne peut atteindre que l'auteur ou le complice du délit.

La seconde peut être exercée, non-seulement contre l'auteur ou le complice, mais encore contre certaines personnes que la loi déclare responsables du fait d'autrui.

« Art. 73. Les aubergistes et hôteliers convaincus
« d'avoir logé plus de vingt-quatre heures quelqu'un
« qui, pendant son séjour, aurait commis un crime
« ou un délit, seront civilement responsables des
« restitutions, des indemnités et des frais adjugés

« à ceux à qui ce crime ou ce délit aurait causé « quelque dommage, faute par eux d'avoir inscrit « sur leur registre le nom, la profession et le do- « micile du coupable; sans préjudice de leur res- « ponsabilité dans le cas des articles 1952 et 1953 « du Code civil. »

« Art. 74. Dans les autres cas de responsabilité « civile qui pourront se présenter dans les affaires « criminelles, correctionnelles ou de police, les cours « et tribunaux devant qui ces affaires seront portées « se conformeront aux dispositions du Code civil, « livre III, titre IV, chapitre II. »

« Art. 1384 du Code Napoléon. On est responsable « non-seulement du dommage que l'on cause par son « propre fait, mais encore de celui qui est causé par « le fait des personnes dont on doit répondre, ou des « choses que l'on a sous sa garde.

« Le père, et la mère, après le décès du mari, sont « responsables du dommage causé par leurs enfants « mineurs habitant avec eux;

« Les maîtres et les commettants, du dommage « causé par leurs domestiques et préposés dans les « fonctions auxquelles ils les ont employés;

« Les instituteurs et les artisans, du dommage « causé par leurs élèves et apprentis pendant le « temps qu'ils sont sous leur surveillance.

« La responsabilité ci-dessus a lieu, à moins que « les père et mère, instituteurs et artisans ne prou-

« vent qu'ils n'ont pu empêcher le fait qui donne « lieu à cette responsabilité. »

« Art. 5. Les dispositions du présent Code ne s'ap- « pliquent pas aux contraventions, délits et crimes « militaires. »

Les délits militaires appartiennent à la classe des délits exceptionnels. Ils sont tels et par leurs auteurs et par les tribunaux chargés de les juger. Un code militaire, promulgué le 9 juin 1857 a notablement amélioré la législation antérieure, qui se distinguait par une sévérité excessive. Le militaire encourait la peine de mort dans des cas nombreux et pour des fautes peu graves, en sorte que le pouvoir exécutif se trouvait dans la nécessité d'accorder fréquemment des grâces et des commutations sur lesquelles le délinquant pouvait en quelque sorte compter à l'avance.

CODE

D'INSTRUCTION CRIMINELLE

Le Code d'instruction criminelle est celui qui contient les règles déterminées par le législateur pour la poursuite des infractions à la loi.

Cette expression de Code d'*instruction criminelle* est inexacte. C'est une réminiscence de l'ancien droit. Sous les ordonnances de 1539 et de 1670, l'*instruction* de l'affaire, la recherche des preuves, étaient la partie principale du procès. Aujourd'hui l'instruction n'est qu'un moyen préliminaire et accessoire; la partie la plus importante du procès est dans la solennité des débats, la publicité de l'accusation et de la défense.

Il faudrait donc, au lieu de prendre la partie pour le tout, dire maintenant : *Code de procédure criminelle*, comme on dit *Code de procédure civile.*

Le Code d'instruction criminelle est divisé en deux livres :

Le premier, précédé de quelques *dispositions préliminaires*, est relatif à la *police judiciaire* et aux *officiers de police judiciaire*;

Le second est intitulé : *De la justice*.

La procédure criminelle comprend trois périodes : 1° celle de la police judiciaire; 2° celle de la mise en prévention; 3° celle du jugement.

Dans la première, le magistrat recherche le délit.

Dans la seconde le fait est apprécié, les preuves sont rassemblées, et le prévenu, s'il y a lieu, est renvoyé devant la juridiction compétente.

Dans la troisième, la lutte s'engage entre l'accusation et la défense, les charges recueillies contre le prévenu sont produites, les moyens de défense sont développés et le jugement est rendu.

Nous diviserons notre matière en sept chapitres : 1° dispositions préliminaires; 2° de la police judiciaire et des officiers de police judiciaire; 3° de l'instruction préparatoire; 4° des juridictions criminelles; 5° de l'examen; 6° du jugement; 7° des voies de recours; 8° de l'exécution; 9° de la fin de la peine; 10° de l'extinction du droit de poursuivre.

CHAPITRE Ier

DISPOSITIONS PRÉLIMINAIRES

« Art. 1er. L'action pour l'application des peines « n'appartient qu'aux fonctionnaires auxquels elle est « confiée par la loi. — L'action en réparation du « dommage causé par un crime, par un délit ou par « une contravention, peut être exercée par tous ceux « qui ont souffert de ce dommage. »

« Art. 2. L'action publique pour l'application de « la peine s'éteint par la mort du prévenu. — L'ac- « tion civile pour la réparation du dommage peut être « exercée contre le prévenu et contre ses repré- « sentants. — L'une et l'autre action s'éteignent par « la prescription, ainsi qu'il est réglé au livre II, « titre VII, chapitre V, de la *Prescription* (art. 635 « et 643). »

« Art. 3. L'action civile peut être poursuivie en « même temps et devant les mêmes juges que l'action « publique. — Elle peut aussi l'être séparément : « dans ce cas, l'exercice en est suspendu tant qu'il « n'a pas été prononcé définitivement sur l'action « publique, intentée avant ou pendant la poursuite « de l'action civile. »

« Art. 4. La renonciation à l'action civile ne peut « arrêter ni suspendre l'exercice de l'action pu- « blique. »

L'action (de *agere*) est, en général, le droit d'agir en justice.

Les actions sont civiles ou publiques.

Les actions civiles sont exercées dans un intérêt privé.

Les actions publiques sont exercées dans un intérêt social.

Une infraction à la loi peut engendrer ces deux actions ou seulement l'une d'elles.

L'action civile n'existe pas sans dommage causé. L'action criminelle n'est pas subordonnée à cette condition; nous avons vu que la loi punissait le crime manqué (art. 2, C. pén.)

Il existe plusieurs différences entre l'action publique et l'action civile :

1° L'action publique est exercée par les officiers

du ministère public, c'est-à-dire les procureurs généraux, près les Cours d'assises et les Cours impériales, les procureurs impériaux et agents forestiers, près les tribunaux correctionnels; les commissaires de police, près les tribunaux de simple police. Ces derniers peuvent être suppléés par les maires et adjoints.

L'action civile ne peut être exercée que par les particuliers lésés. Cependant le ministère public agit en leur nom dans le cas de l'article 200 du Code Napoléon (1).

A Rome, les délits se divisaient en *délits publics* et *délits privés.*

Dans la première classe on rangeait ceux qui intéressaient principalement l'ordre public, comme le meurtre. L'action était exercée par les particuliers agissant *pro populo.*

Dans la seconde classe étaient ceux qui lésaient principalement l'intérêt privé, comme le vol. L'action, dans les cas de cette espèce, n'appartenait qu'à la personne lésée.

Chez nous, par exception à la règle que les actions publiques sont exercées par le ministère public, le mari peut seul poursuivre sa femme pour adultère

(1) « Si l'officier public est décédé lors de la découverte de la fraude, l'action sera dirigée au civil contre les héritiers par le procureur impérial, en présence des parties intéressées, et sur leur dénonciation. » Art. 200.

(art. 336, C. pén.); les art. 391, 357, 443, art. 26 de la loi du 4 mai 1844, etc., nous fournissent d'autres exceptions.

En matière correctionnelle, la partie lésée peut citer le délinquant devant le tribunal, mais le procureur impérial peut seul requérir l'application de la peine.

2° L'action publique a pour but l'application d'une peine.

L'action civile a pour but la réparation d'un dommage causé, peu importe d'ailleurs que ce dommage soit matériel, comme en cas d'incendie d'une maison, ou moral, comme en cas de diffamation.

3° L'action publique s'éteint par la mort du prévenu.

L'action civile peut être intentée contre le prévenu et ses représentants.

4° L'action publique est exercée devant les tribunaux criminels.

L'action civile peut être exercée devant les tribunaux criminels en même temps que l'action publique. On dit alors que la personne lésée *se porte partie civile*. Mais elle peut aussi être intentée séparément devant les tribunaux civils.

Le criminel *tient le civil en état*, c'est-à-dire que l'exercice de l'action civile est suspendu jusqu'à ce qu'il ait été statué définitivement sur l'action publique. Cependant il y a une exception à la règle que le criminel tient le civil en état : l'art. 327 du Code Napoléon décide que « l'action criminelle contre un délit de suppression d'état ne pourra commencer qu'après le jugement définitif sur la question d'état. » L'importance des affaires de cette espèce justifie cette exception.

5° L'action publique n'est pas susceptible de transaction.

On peut transiger sur l'action civile et l'anéantir.

Cette différence est basée sur le principe de l'article 1165 du Code Napoléon, qui déclare que les conventions n'ont d'effet qu'entre les parties contractantes et ne peuvent nuire aux tiers. Or la société, qui est un tiers, dans ce cas, ne peut pas être obligée par des conventions qui lui sont étrangères et que ses représentants n'ont pas même, en général, le droit de faire.

Les art. 5, 6 et 7 s'occupent des crimes commis en pays étranger.

« Art. 5. Tout Français qui se sera rendu cou-
« pable, hors du territoire de France, d'un crime at-
« tentatoire à la sûreté de l'État, de contrefaçon du
« sceau de l'État, de monnaies nationales ayant
« cours, de papiers nationaux, de billets de banque
« autorisés par la loi, pourra être poursuivi, jugé et
« puni en France, d'après les dispositions des lois
« françaises. »

Cet article s'applique seulement aux crimes qu'il prévoit textuellement. C'est une règle que les lois pénales ne doivent pas s'étendre, quelque grandes que soient les analogies entre les cas prévus dans un texte et ceux qui n'y sont pas énoncés.

Les crimes attentatoires à la sûreté de l'État sont ceux du chap. Ier, liv. III du Code pénal. Ce chapitre se divise en deux sections; la première est intitulée : *Crimes et délits contre la sûreté de l'État;* la seconde : *Crimes contre la sûreté intérieure de l'État.* Nous n'énumérerons pas les faits punissables prévus dans ce chapitre, il suffira de lire les articles du Code pénal (art. 75-109).

Les *papiers nationaux* sont, par exemple, les bons du Trésor.

Les *billets de banque autorisés par la loi* sont les billets de la Banque de France.

Les Français qui se rendent coupables, en pays étrangers, des crimes dont il s'agit, ne pouvaient être jugés en France, d'après le Code de l'an IV, qu'autant qu'ils y étaient arrêtés. Le Code pénal de 1810 n'a pas reproduit cette disposition, d'où l'on a conclu qu'ils peuvent être jugés si le gouvernement en obtient l'extradition. Mais, en fait, les nations n'extradent pas les individus qui se rendent coupables de crimes sur leur territoire. Le droit des gens ne peut pas dépendre d'un texte du Code pénal qu'un pays se donne pour ses besoins particuliers.

L'extradition ne peut être obtenue qu'à raison des crimes commis en France par des Français qui se réfugient en pays étranger, et encore faut-il que ces crimes ne soient pas politiques.

Les poursuites en France contre des Français qui se sont rendus coupables en pays étranger des crimes prévus par l'art. 5 ne pourront donc être exercées contradictoirement qu'autant que les inculpés seront arrêtés en France ; mais elles pourront avoir lieu par contumace.

Notons que ces poursuites ne peuvent avoir lieu que pour *crimes* et non pour *délits*. Il est vrai que l'article 24 parle des *crimes* et des *délits*, mais ce texte doit être corrigé, car il ne contient qu'une règle d'exécution, tandis que l'article 5 renferme le principe. L'erreur vient de ce que l'article 5, dans le projet, était commun aux crimes et aux *délits*, mais du moment que ce dernier mot disparaissait du texte définitif, il est évident qu'il devait disparaître aussi de l'article 24.

« Art. 6. Cette disposition pourra être étendue aux « étrangers qui, auteurs et complices des mêmes « crimes, seraient arrêtés en France, ou dont le gou- « vernement obtiendrait l'extradition. »

Les étrangers pourront être poursuivis lorsqu'ils auront commis les crimes de l'article 5 en pays étranger, mais seulement lorsqu'ils seront arrêtés en

France, car le droit des gens n'admet pas l'extradition en pareil cas. Un décret du 23 octobre 1811 prévoit l'extradition des Français aux gouvernements étrangers, mais cet acte n'est pas appliqué.

La loi dit *pourront* être poursuivis; d'où l'on conclut que les poursuites n'ont lieu qu'en vertu d'un ordre du gouvernement, à cause des difficultés que ces poursuites, suivant les circonstances, pourraient faire naître avec la nation de l'inculpé.

L'extradition est demandée par voie diplomatique.

Il s'agit, dans l'article suivant, du crime d'*un Français* contre *un autre Français*, commis en pays étranger.

« Art. 7. Tout Français qui se sera rendu coupable, « hors du territoire de l'empire, d'un crime contre « un Français, pourra, à son retour en France, « être poursuivi et jugé, s'il n'a pas été poursuivi et « jugé en pays étranger, et si le Français offensé « rend plainte contre lui. »

Les poursuites, en pareils cas, sont soumises à trois conditions, savoir : 1° que l'affaire n'ait pas été jugée en pays étranger; 2° que le prévenu soit de retour en France; 3° que le Français offensé ait porté plainte.

On décide que le texte de la loi, bien qu'il ne parle que des crimes commis *contre un Français*, ne restreint pas la compétence des tribunaux français aux crimes contre les personnes, et que ces tribunaux peuvent aussi connaître des crimes contre la propriété d'un Français.

Quant aux actions civiles résultant d'actes ou de faits passés en pays étranger, elles peuvent toujours être exercées en France, conformément au droit commun. (Art. 14 et 15 du C. Nap.)

CHAPITRE II

DE LA POLICE JUDICIAIRE

ET DES OFFICIERS DE POLICE JUDICIAIRE.

La police se divise en police administrative et police judiciaire.

La police administrative est *préventive :* elle prévient les infractions à la loi pénale.

La police judiciaire est *répressive :* elle recherche et constate les méfaits et en livre leurs auteurs à la justice.

La police administrative est organisée sur une large échelle. On la divise en police générale et police municipale, police ordinaire et police politique.

La police générale s'exerce sous l'autorité des préfets; la police municipale rentre dans les attributions des maires.

La police ordinaire surveille les malfaiteurs, elle protége les personnes et les propriétés contre leurs entreprises. Elle mérite beaucoup de reconnaissance.

La police politique recherche les complots. J'ai entendu dire qu'en certains pays elle en inventait. Elle mérite... beaucoup de méfiance. On est exposé à la rencontrer partout et sous tous les masques.

Au reste, aujourd'hui, tous les partis reconnaissent l'absurdité des conspirations occultes, à moins que, dirigées contre les peuples, elles n'aient à leur tête les gouvernements. Il n'existe pas d'exemple d'un complot de cinquante personnes qui n'ait eu parmi ses affiliés quelque agent de police. Il n'y a qu'une seule conspiration possible maintenant, c'est celle qui agit au grand jour, qui compte parmi ses adhérents tous les amis de la liberté, qui réchauffe les cœurs, entretient la foi dans les âmes, console et fortifie les vaincus, paralyse la force matérielle et fait triompher le droit : c'est la conspiration de l'opinion publique.

« Art. 8. La police judiciaire recherche les crimes, « les délits et les contraventions, en rassemble les « preuves et en livre les auteurs aux tribunaux char- « gés de les punir. »

« Art. 9. La police judiciaire sera exercée sous l'au- « torité des cours royales, et suivant les distinctions « qui vont être établies, — par les gardes champêtres « et les gardes forestiers; — par les commissaires

« de police; — par les maires et les adjoints de « maire; – par les procureurs du roi et leurs sub- « stituts; — par les juges de paix; — par les officiers « de gendarmerie; — par les commissaires généraux « de police; — et par les juges d'instruction. »

« Art. 10. Les préfets des départements, et le pré- « fet de police à Paris, pourront faire personnelle- « ment, ou requérir les officiers de police judiciaire, « chacun en ce qui le concerne, de faire tous actes « nécessaires à l'effet de constater les crimes, délits « et contraventions, et d'en livrer les auteurs aux « tribunaux chargés de les punir conformément à « l'article ci-dessus. »

Les juges de paix, les commissaires de police, les maires et les ajoints ont le titre d'auxiliaires du procureur impérial.

Ces officiers ne sont pas les seuls qui exercent la police judiciaire. Il y en a d'autres dans diverses branches de l'administration; tels sont les agents des douanes, des ponts et chaussées, les vérificateurs des poids et mesures, etc., etc.

Nous nous contenterons de faire connaître ceux qui sont mentionnés dans les art. 9 et 10 du Code d'instruction criminelle.

On verra que les uns exercent leurs attributions dans la commune, les autres dans le canton, ceux-ci dans l'arrondissement, ceux-là dans le département.

Ils agissent sous l'autorité des Cours impériales,

il n'y a d'exception que pour les préfets, à cause du principe de la séparation des pouvoirs.

1° *Du Juge d'Instruction.*

Ce magistrat nous rappelle le *juge enquêteur* de notre ancien droit. Il est à la fois juge d'instruction et officier de police judiciaire. Il est nommé par l'Empereur pour trois ans. Il peut être nommé de nouveau lorsque ses pouvoirs expirent. Il conserve séance au jugement des affaires civiles, suivant son rang de réception.

Il siége ordinairement dans une chambre civile, afin de n'avoir pas à statuer comme juge sur des affaires dont il s'est occupé comme juge d'instruction.

Plusieurs juges d'instruction peuvent être nommés dans le même arrondissement, lorsque les besoins du service l'exigent. Il y en a vingt à Paris.

C'est le principal officier de police judiciaire. Il a la plénitude des pouvoirs. Les autres, même le procureur impérial, n'agissent que dans certains cas et dans certaines limites. Ses fonctions d'officier de police judiciaire et de juge d'instruction sont intimement liées ensemble. « En effet, chargé comme juge d'instruction de procéder à tous les actes d'information que nécessite la poursuite des crimes et des délits, il recherche les traces de ces infractions, il rassemble les preuves, il en saisit les auteurs. Or qu'est-ce que la police judiciaire, si ce n'est de concourir aux premiers actes de cette information? Le droit de police judiciaire est donc contenu dans le droit du juge. Tout ce que font les officiers de police en vertu d'une délégation spéciale, il le fait en vertu de son office. S'il pouvait être partout présent, ses auxiliaires, qui ne font que le suppléer, seraient inutiles. La loi ne lui a pas donné un pouvoir nouveau en le plaçant parmi les officiers de police judiciaire, elle n'a fait que reconnaître un pouvoir qui était en lui (1). »

Mais il ne fait, en principe, aucun acte d'instruction et de poursuite qu'il n'en ait donné communication au procureur impérial.

En cas de flagrant délit, par exception, il exerce des actes de poursuite et il supplée le procureur impérial.

Lorsqu'il se transporte sur les lieux, il est accompagné du procureur impérial et du greffier.

Il reçoit les *plaintes* et les *dénonciations*, il entend les témoins, il saisit les pièces et écrits pouvant concourir à la découverte de la vérité; il décerne les mandats.

2° *Du Procureur impérial.*

Dans le principe, c'était un *procureur* ordinaire (aujourd'hui l'avoué), chargé des procédures qui in-

---

(1) Faustin Hélie, *Traité d'instruction criminelle*, t. IV, p. 82.

téressaient le roi, comme l'*advocat* du roi était un avocat ordinaire plaidant pour le roi, c'est-à-dire pour l'État, car dans les monarchies absolues le monarque est tout et la nation n'est rien.

Ces dénominations sont restées aux officiers du ministère public chargés d'agir dans l'intérêt social bien plus que dans l'intérêt privé du chef de l'État (1). Mais aujourd'hui le procureur impérial est procureur et avocat, il écrit et il parle.

Nous n'avons à nous occuper ici que du procureur impérial considéré comme officier de police judiciaire.

Remarquons d'abord qu'il n'appartient qu'au procureur impérial et à ses substituts de faire des actes de police judiciaire et non aux autres officiers qui composent le ministère public. Le procureur général, qui est le chef hiérarchique du procureur impérial et qui a sur lui le droit de surveillance et de contrôle, ne saurait faire valablement les mêmes actes.

Le procureur impérial est chargé de la recherche et de la poursuite des méfaits dont la connaissance

(1) Nous avons aujourd'hui les procureurs généraux près les Cours; à leurs ordres les avocats généraux pour porter la parole dans les Chambres; les substituts pour le service du parquet; les procureurs impériaux près les tribunaux de première instance et leurs substituts sous l'autorité des procureurs généraux. Les avocats généraux sont qualifiés par la loi de substituts des procureurs généraux.

appartient aux tribunaux de police correctionnelle et aux cours d'assises.

Sa compétence varie suivant que les délits sont flagrants ou non flagrants.

Dans le premier cas, il se transporte sur les lieux où a été commis le délit; il supplée le juge d'instruction; il dresse les procès-verbaux, entend les parents, les voisins, les domestiques, reçoit les déclarations, saisit les armes et tous objets ayant servi à commettre le crime ou le délit.

Si le fait est de nature à entraîner peine afflictive et infamante, il fait saisir les prévenus présents contre lesquels il existe des indices graves.

Si les prévenus ne sont pas présents, il peut décerner le mandat d'amener.

Lorsqu'il n'y a pas flagrant délit, ses pouvoirs sont plus restreints; il n'a pas le droit de *constater* comme dans le cas de flagrant délit, mais seulement de *poursuivre;* il requiert le juge d'instruction de se transporter sur le lieu du crime ou du délit et de dresser les procès-verbaux; il l'accompagne et prend part aux investigations.

3° *Du Commissaire de police.*

Les commissaires de police datent du XIVe siècle, ils existèrent d'abord sous le nom de *Commissaires du Châtelet de Paris.*

Les commissaires de police sont nommés aujourd'hui, dans les villes de six mille habitants et au-dessous, par le préfet, et dans les autres par l'Empereur (décret du 25 mars 1852). La compétence d'un commissaire de canton s'étend à toutes les communes du canton. De même, lorsqu'il existe plusieurs commissaires dans une ville, la compétence de chacun embrasse toutes les communes du canton, bien qu'ils aient un ressort particulier, car la division faite entre eux n'a pas pour but de restreindre leur compétence, mais de rendre leur surveillance plus facile (décrets des 28 mars 1852, 29 janvier 1853 et loi du 19 vendémiaire an IV).

Les commissaires de police sont des agents auxiliaires du préfet pour la police générale et du maire pour la police municipale.

Indépendamment de leurs attributions de police administrative, ils remplissent les fonctions d'officiers de police judiciaire et du ministère public près les tribunaux de simple police.

Comme officiers de police judiciaire, ils recherchent les contraventions de police, même celles qui sont sous la surveillance spéciale des gardes forestiers et champêtres à l'égard desquels ils ont concurrence et *prévention*, c'est-à-dire qu'ils les constatent de préférence lorsqu'ils sont informés à temps.

Aux termes de l'article 29 du Code d'instruction criminelle, ils sont tenus de donner avis au procureur impérial des crimes et délits dont ils ont connaissance. Ils peuvent même, en cas de flagrant délit, ou dans le cas de réquisition d'un chef de maison, dresser des procès-verbaux, recevoir les déclarations des témoins, faire des visites et les autres actes qui sont ordinairement de la compétence du procureur impérial, d'où il faut conclure qu'ils ne sont compétents qu'autant que le procureur impérial n'est pas présent ou qu'ils ont reçu de ce magistrat délégation à cet effet (49, 51, 52).

Leurs procès-verbaux ne font foi que jusqu'à *preuve contraire*, c'est-à-dire que celui qui en contestera la véracité ne sera pas tenu de suivre les règles tracées par le Code de procédure, dans le titre II du livre II relatif à l'*inscription de faux*.

Les *commissaires généraux* de police créés par la loi du 28 pluviôse an VIII, mentionnés dans l'article 9 du Code d'instruction criminelle ont été supprimés par une ordonnance du 28 mars 1815. Néanmoins, le 30 mai 1865 on discutait au Corps législatif un article du projet de loi sur la liberté provisoire ainsi conçu : « Le maire, le préfet de police ou le *commissaire général de police* veillera à ce que la nourriture des prisons soit suffisante et saine : la police de ces maisons *lui* appartiendra... » Cela voulait dire que le maire, le préfet de police, le commissaire de police veilleraient concurremment à ce que la nourriture fût suffisante et saine et que la police appartiendrait aux mêmes personnes. Ce *lui* semblait trop singulier, mais ce qui était bien plus extraordinaire, c'était le commissaire général, supprimé depuis 1815, surveillant les prisons en 1865.

Un renvoi à la commission a été la suite d'une discussion longue et animée. Le renvoi n'a pas eu lieu sans peine. Une première épreuve, par assis et levé, a été déclarée douteuse ; enfin 120 voix contre 96, au scrutin, ont pensé qu'il était convenable de faire une petite concession à la langue et à l'histoire.

4° *Des Maires et des Adjoints.*

Les maires sont les chefs de l'administration dans la commune.

Ils sont nommés par le préfet dans les communes qui ne sont pas chefs-lieux de canton et dont la population est inférieure à trois mille habitants; dans les autres, c'est l'Empereur qui les nomme. (Loi du 5 mai 1855.)

Ils exercent des attributions nombreuses et importantes.

Comme agents du gouvernement, ils sont chargés de la publication et de l'exécution des lois et règlements.

Comme administrateurs de la commune, ils préparent le budget communal, gèrent les biens, reçoivent les dons et legs, procèdent aux aliénations, aux acquisitions, transactions intéressant les communes, etc.. etc. (Loi du 18 juillet 1837.)

Comme officiers de l'état civil, ils sont chargés de dresser les actes de naissance, de mariage, de décès, etc.

Comme officiers du ministère public, ils remplacent les commissaires de police près les juges de paix, siégeant comme juges de simple police.

Comme juges de simple police, ils sont compétents pour statuer sur certaines contraventions de simple police, concurremment avec les juges de paix, mais seulement lorsque la loi n'a pas expressément attribué compétence à ces derniers et dans les communes qui ne sont pas chefs-lieux de canton. En fait, les maires s'abstiennent et avec raison, car il ne convient pas qu'ils punissent comme juges les contraventions à des arrêtés qu'ils ont faits souvent comme administrateurs.

Comme officiers de police judiciaire, ils constatent les contraventions.

En cas de crimes et délits flagrants, ils dressent les procès-verbaux, comme les commissaires de police, les juges de paix, les officiers de gendarmerie.

Dans tous les cas, ils n'agissent comme officiers de police judiciaire qu'à défaut des commissaires de police.

Leurs procès-verbaux font foi jusqu'à preuve contraire.

5° *Du Juge de Paix.*

L'institution des juges de paix remonte à la loi du 24 août 1790.

Les juges de paix sont officiers de police judiciaire, juges de simple police, juges civils, officiers publics conciliateurs, etc.

En qualité d'officiers de police judiciaire, ils constatent les contraventions en général et les crimes et délits flagrants, comme les autres auxiliaires du procureur impérial.

6° *Des Gardes champêtres et forestiers.*

Les gardes champêtres étaient connus autrefois sous les noms de *messiers*, de *banniers*, de *bladiers*, de *bangards*, de *dégatiers*, de *sergents de verdure*, etc.

Aux termes de la loi du 6 octobre 1791, ils sont institués « pour assurer les propriétés et veiller à la conservation des récoltes. »

Ils sont nommés, ainsi que les gardes forestiers de l'État, des communes et des établissements publics, par les préfets. (Décret du 25 mars 1852, art. 25.)

Leur compétence est territoriale ; elle ne s'étend pas au delà du territoire communal confié à leur surveillance.

Comme officiers de police judiciaire, ils dressent des procès-verbaux ou font des rapports. Les procès-verbaux sont dressés par les gardes champêtres, les rapports sont faits par les fonctionnaires publics compétents (les maires, commissaires de police, juges de paix), sur les renseignements fournis par les gardes champêtres.

Les procès-verbaux doivent être dressés dans les vingt-quatre heures et affirmés devant le juge de paix ou son suppléant, et à défaut devant le maire ou son adjoint.

Les particuliers peuvent aussi avoir des gardes pour la surveillance de leurs propriétés. Ils doivent les faire agréer par le sous-préfet et leur faire prêter serment devant le juge de paix.

Les agents et gardes forestiers dressent aussi des procès-verbaux ; ceux des agents (gardes généraux, inspecteurs, etc.) ne sont pas soumis à la nécessité de l'affirmation ; ceux des gardes doivent être affirmés dans les vingt-quatre heures devant le juge de paix ou le maire.

Les gardes champêtres et forestiers sont, comme officiers de police judiciaire, sous la surveillance du procureur impérial, sans préjudice de leur subordination à l'égard de leurs supérieurs dans l'administration.

7° *Des Officiers de gendarmerie.*

Il nous suffira de dire que les officiers de gendarmerie sont officiers de police judiciaire et que, à ce titre, ils dressent des procès-verbaux pour constater les contraventious et même, en cas de flagrant délit, les crimes et délits.

8° *Des Préfets des départements et du Préfet de police à Paris.*

Ici nous trouvons une dérogation au fameux principe de la séparation des pouvoirs que Montesquieu regardait comme le palladium de la liberté, et qui depuis n'a cessé de recevoir les hommages des écrivains et des hommes d'Etat libéraux.

Ce principe consiste en ce que le pouvoir législatif fait la loi, le pouvoir exécutif et l'autorité judiciaire la font exécuter, chacun dans sa sphère.

L'un ne doit pas empiéter sur les attributions des deux autres; le juge ne légiférera pas, n'administrera pas, ne gouvernera pas; le chef du pouvoir exécutif ne jugera pas, ne légiférera pas; le législateur ne jugera pas, ne gouvernera pas.

En dehors de là pas de liberté, à peu près, sans doute, comme hors de l'Église pas de salut.

D'abord, cette division des pouvoirs n'est pas observée.

Le pouvoir exécutif juge et légifère beaucoup.

Et puis est-il bien vrai que la séparation soit une condition essentielle de la liberté des peuples? Aux Etats-Unis d'Amérique, la séparation des pouvoirs n'existe pas. Il n'y a qu'un pouvoir dans la grande et glorieuse République, c'est le pouvoir législatif. La magistrature ne constitue pas un pouvoir, mais seulement un auxiliaire du pouvoir législatif. Quant au pouvoir exécutif, c'est le très-humble serviteur du Congrès. On se garde bien même de lui donner le titre de *pouvoir* exécutif. On se contente de le nommer l'*exécutif* (il ne s'en plaint pas), pour mieux faire sentir à tous qu'il n'y a dans l'État qu'une autorité légitime, celle des représentants du peuple. On en conviendra, cependant, cette grande nation est la plus libre et la plus florissante du monde. Elle est sortie victorieuse d'une lutte gigantesque soutenue pour la liberté sans que le grand martyr, l'honnête Lincoln ait jamais demandé le moindre sacrifice à la liberté.

Je reviens à mon sujet sans peine, car je ne m'en suis pas beaucoup éloigné. Je constate d'abord que le préfet dans chaque département, et le préfet de police dans sa circonscription (département de la Seine et Meudon, Sèvres, Saint-Cloud, Versailles, Enghien), sont officiers de police judiciaire, et j'ajoute que, dans un pays qui professe le principe de la séparation des pouvoirs, comme la France, ces fonctionnaires empiètent, en cette qualité, sur les attributions de l'autorité judiciaire. Les auteurs, en général, les invitent à ne pas user du droit qu'ils ont de dresser des procès-verbaux et de décerner des mandats. Quant à moi, je ne me permettrai pas d'en faire autant. Que le juge et le préfet arrangent leurs petites querelles de voisinage comme ils l'entendront; que le juge ferme la porte de sa maison au préfet si cela lui convient; que le préfet enfonce la porte du juge s'il croit avoir le droit d'entrer, à tout cela je suis indifférent, moi qui préfère l'*exécutif* au *pouvoir exécutif*.

CHAPITRE III

DE L'INSTRUCTION PRÉPARATOIRE

Cette instruction ou procédure est dite *préparatoire*, parce qu'elle met l'affaire en état d'être portée devant la juridiction de jugement. Elle se fait par écrit, secrètement, sans débat contradictoire. La mission du magistrat est de rechercher et de mettre en évidence les faits, les circonstances qui peuvent être utiles à la défense, comme celles qui peuvent corroborer l'accusation. Mais cette règle, dont un sentiment de justice et d'humanité prescrit l'observation, n'est malheureusement pas strictement observée dans la pratique. Le magistrat, sans cesse en contact avec les malfaiteurs, est trop disposé à ne voir dans les prévenus que des coupables.

Les méfaits sont portés à la connaissance de la justice par le bruit public, les rapports, les procès-verbaux, la dénonciation, la plainte.

Du Bruit public.

Nous avons peu de chose à dire du bruit public. C'est souvent l'énonciation exagérée d'un fait vrai au fond. C'est à la justice de vérifier, de contrôler les faits.

Dans l'ordre politique, le bruit public est un grand journal qui se distribue régulièrement du matin au soir à un million d'exemplaires, à Paris, sans le secours de l'imprimerie et de la poste. C'est la presse à l'abri du cautionnement, des saisies, des avertissements et des suppressions. Moins la presse est libre, plus ce journal est intéressant. Jamais en France il n'avait été plus intéressant depuis le premier Empire. Il nous donne des nouvelles des pays qui échappent aux investigations des écrivains et des voyageurs, comme la Chine, le Japon, la Cochinchine, le Mexique et la France. Il nous apprend ce qui se passe dans les séances secrètes du Sénat, du conseil d'État et du conseil des Ministres. Il nous dit ce qu'on a fait hier, ce qu'on fait aujourd'hui et ce qu'on fera demain. Il nous parle de la cour et de la ville, comme disent nos anciens auteurs. Il nous révèle ou il invente (car je ne prends rien sous ma responsabilité) des scandales grands et petits. Il nous donne les bons mots qu'on n'imprime pas et les récits qu'on ne peut pas imprimer.

Des Rapports.

Les rapports sont des actes contenant l'exposé des méfaits parvenus à la connaissance des agents inférieurs et adressés à leurs chefs hiérarchiques, ils sont écrits ou non écrits.

Des Procès-Verbaux.

Les procès-verbaux sont des actes dressés par les officiers publics compétents pour constater les infractions à la loi pénale. Ils doivent indiquer la nature et les circonstances des faits, le temps et le lieu où ils se sont accomplis, les preuves et les indices à la charge des inculpés.

De la Dénonciation.

La dénonciation est la déclaration spontanée par laquelle une infraction à la loi pénale est portée à la connaissance de l'autorité compétente.

Elle est *officielle* lorsqu'elle est faite par un fonctionnaire public ; elle est *privée* lorsqu'elle est faite par un particulier.

Aux termes de l'article 29 du Code d'instruction criminelle, toute autorité constituée, tout fonctionnaire qui, dans l'exercice de ses fonctions, acquiert la connaissance d'un délit ou d'un crime doit en donner avis sur-le-champ au procureur impérial près le tribunal dans le ressort duquel le délinquant est trouvé et transmettre à ce magistrat tous les renseignements, procès-verbaux et actes qui y sont relatifs.

Aux termes de l'article 30, toute personne qui a été témoin d'un attentat soit contre la sûreté publique, soit contre la vie et la propriété d'un individu, serait pareillement tenue d'en donner avis au procureur impérial.

Fort heureusement les dispositions des articles 29 et 30 ne sont pas sanctionnées par la loi. Le fonctionnaire public seul peut encourir des peines, mais seulement des peines disciplinaires.

Les dénonciations peuvent rester secrètes durant l'instruction, mais l'accusé acquitté peut exiger que le procureur général lui fasse connaître le dénonciateur.

La dénonciation, en matière criminelle ordinaire, peut procéder d'un sentiment honnête et louable. Qui ne s'empresserait de dénoncer un Dumollard?

En matière politique, elle a presque toujours un mobile méprisable. C'est ordinairement la haine, la vengeance ou l'intérêt qui fait agir. Il faut avoir assisté à la chute de quelque gouvernement pour connaître la lâcheté des délateurs.

De la Plainte.

La plainte est la dénonciation faite par la partie que le crime ou le délit a lésée.

Comme la dénonciation, elle est adressée au procureur impérial ou aux autres officiers de police judiciaire. Le procureur impérial la transmet au juge d'instruction.

Les plaintes et les dénonciations sont rédigées par les dénonciateurs ou par leurs fondés de procuration spéciale, ou par le procureur impérial, s'il en est requis. Si les dénonciateurs ou plaignants ne savent, ne peuvent ou ne veulent signer, il en est fait mention.

Les plaignants peuvent se porter parties civiles, car nous venons de voir que la plainte, à la différence de la dénonciation vient de la partie lésée. Ils ont la faculté de le faire soit par la plainte même, soit par acte subséquent et jusqu'à la clôture des débats. Ils ont vingt-quatre heures pour se désister, et par le désistement ils évitent les frais qu'ils encourent en succombant. (Article 368, Code d'instruction criminelle.)

On s'est demandé si le procureur impérial et le juge d'instruction peuvent s'abstenir de donner suite aux dénonciations et plaintes qui leur sont adressées.

La pratique dit oui. Elle croit que le magistrat

ne peut pas avoir la main forcée par les individus qui lui adressent des plaintes et dénonciations sans preuves suffisantes ou à l'occasion de faits sans gravité, que le législateur lui a reconnu ce droit, puisqu'il n'a porté aucune peine contre celui qui s'abstient.

Quelques auteurs soutiennent le contraire. Ils pensent, avec raison, que dans le cas de plainte, au moins, et surtout s'il y a partie civile, les magistrats ne peuvent, avec un pouvoir discrétionnaire que la loi ne leur a pas donné, paralyser le droit de la partie lésée.

Sans doute, s'il s'agit d'une dénonciation, le refus de poursuivre aura moins de gravité, puisque l'auteur de la dénonciation n'a pas d'intérêt.

Sans doute, encore, s'il s'agit d'une contravention ou d'un délit, l'inconvénient sera presque nul, puisque la partie lésée pourra citer directement le prévenu.

Mais le mal serait plus grand si, dans les matières criminelles proprement dites, il était permis aux magistrats de rester dans l'inaction. Aussi nous croyons, avec M. Ortolan, qu'ils peuvent être pris à partie pour déni de justice, s'ils refusent de donner suite à l'affaire (1). (Code de procédure civile, articles 505 à 508.)

Dès que la justice est informée qu'une infraction à la loi pénale a été commise, elle emploie divers moyens pour se procurer des preuves et pour s'assu-

---

(1) Ortolan, *Éléments de droit pénal,* t. II, p. 488.

rer, s'il y a lieu, de la personne de l'inculpé. Nous allons les exposer succinctement.

1° *Du Transport sur les lieux.*

Dans le cas de flagrant délit, lorsque le fait est de nature à entraîner une peine afflictive ou infamante, le procureur impérial se transporte sur le lieu du crime, dès qu'il est informé, pour constater par procès-verbal le corps du délit, son état, l'état des lieux, et pour recevoir les déclarations des personnes qui auraient été présentes ou qui auraient des renseignements à donner. (Article 32 du Code d'instruction criminelle.) Il peut défendre que qui que ce soit sorte de la maison ou du lieu où le méfait a été commis jusqu'après la clôture du procès-verbal. (Article 35.)

Le procureur impérial saisit les armes et tout ce qui paraît avoir servi ou avoir été destiné à commettre le crime ou le délit, ainsi que tout ce qui paraît en avoir été le produit, enfin tout ce qui peut servir à la manifestation de la vérité. Il interpelle le prévenu et le somme de s'expliquer. (Article 36.)

Lorsque la nature d'un crime ou d'un délit est telle que la preuve puisse être vraisemblablement acquise au moyen des papiers et effets du prévenu, le procureur impérial se transporte de suite au domicile de celui-ci pour y faire perquisition et saisir lesdits papiers et effets. (Article 36.)

Le procureur impérial peut se faire accompagner, au besoin, d'une ou de deux personnes présumées par leur art ou leur profession capables d'apprécier la nature et les circonstances du crime ou délit.

S'il s'agit d'une mort violente ou d'une mort dont la cause soit inconnue et suspecte, le procureur impérial se fait assister d'un ou de deux médecins, chirurgiens ou officiers de santé qui font un rapport sur les causes de la mort et sur l'état du cadavre.

En cas de délit non flagrant c'est le juge d'instruction qui se transporte sur les lieux, accompagné du procureur impérial et du greffier du tribunal, et qui procède aux divers actes que nous venons de faire connaître.

2° *De l'Audition des témoins.*

Cet élément de l'instruction préparatoire se nomme, dans la pratique nouvelle, comme dans l'ancienne, l'*information*. Cette procédure est secrète. Elle n'a lieu ordinairement que pour les crimes ou pour les délits qui ont présenté d'abord l'apparence de crimes. Pour les délits et contraventions, les témoins sont cités directement et entendus à l'audience.

Le juge d'instruction fait citer par huissier devant

lui les personnes qui ont été indiquées par la dénonciation, la plainte, le procureur impérial, ou autrement, comme ayant connaissance soit du crime ou délit, soit de ses circonstances.

Les témoins sont entendus séparément, hors la présence du prévenu, par le juge d'instruction, en présence du greffier.

Ils jurent de dire toute la vérité et rien que la vérité.

Cependant les enfants au-dessous de l'âge de quinze ans ne peuvent être entendus que pour donner des renseignements et sans prestation de serment.

Le juge peut prononcer une amende, dont le *maximum* est de 100 francs, et employer même la contrainte par corps contre les témoins assignés qui ne se présentent pas.

Des commissions rogatoires peuvent être données aux juges des arrondissements où résideraient des témoins qui, pour raison de santé, ne pourraient pas se transporter facilement au lieu où se fait l'instruction.

3° *Mandats.*

Le *mandat*, en matière criminelle, est l'ordre donné par l'autorité compétente (ordinairement le juge d'instruction) pour faire comparaître volontairement ou de force le prévenu en liberté ou de retenir celui qui se trouve déjà sous la main de la justice.

On en distingue quatre espèces : 1° le mandat de comparution, 2° le mandat d'amener, 3° le mandat de dépôt, 4° le mandat d'arrêt.

Le *mandat de comparution* est l'ordre donné à un prévenu de comparaître à l'effet de venir s'expliquer sur la prévention. (Article 91.)

Le prévenu comparaît volontairement; aucun moyen de contrainte ne peut être employé contre lui en vertu de cet acte après l'interrogatoire, sauf à convertir ce mandat en tel autre que le magistrat jugera nécessaire.

Le *mandat d'amener*, comme l'indique son nom, est l'ordre d'amener, au besoin, l'inculpé.

Si le prévenu consent à suivre le porteur de cet acte, aucune contrainte n'est exercée contre lui ; s'il résiste ou s'il cherche à s'évader, le porteur peut requérir la force publique pour exécuter sa mission.

Le prévenu doit être interrogé dans les vingt-quatre

heures et la détention doit cesser, à moins qu'un mandat de dépôt ou d'arrêt ne succède au mandat d'amener.

Le mandat d'amener est le premier acte de poursuite. Il n'y a jusque-là que des actes d'instruction. C'est lui qui détermine la compétence pour l'instruction et par suite pour le jugement de l'affaire. Entre le tribunal du lieu de la résidence du prévenu, celui du lieu où il est trouvé et le lieu du crime ou délit, sera compétent celui auquel appartiendra le juge d'instruction qui aura délivré le mandat d'amener.

Le *mandat de dépôt* est l'ordre émané du juge d'instruction de retenir en prison l'inculpé.

Avant la loi du 4 avril 1855, il se confondait avec le mandat d'arrêt et la justice employait l'un pour l'autre. Il existait cependant entre les deux quelques différences de forme qui sont indiquées au troisième paragraphe de la page suivante. Mais, d'après la loi précitée, le mandat de dépôt pouvait cesser, dans le cours de l'instruction, sur les conclusions conformes du procureur impérial, quelle que fût la nature de l'inculpation, à la charge par l'inculpé de se présenter à tous les actes de la procédure et pour l'exécution du jugement aussitôt qu'il en était requis, tandis que le mandat d'arrêt ne pouvait cesser que par une ordonnance de non-lieu du juge d'instruction ou l'arrêt de la Chambre des accusations ou par la liberté provisoire accordée conformément à la loi du 17 juillet 1856.

La loi du 14 juillet 1865 a fait disparaître cette différence en autorisant le juge d'instruction à donner main levée du mandat d'arrêt comme du mandat de dépôt. (Art. 94 du Code d'instruction criminelle modifié.)

Le *mandat d'arrêt* est l'ordre d'arrêter ou de retenir un inculpé. Il présente, comme nous venons de le voir, un caractère de permanence que ne présente pas au même degré le mandat de dépôt.

Ce mandat, à la différence des autres, ne peut être décerné par le juge d'instruction que sur les conclusions du procureur impérial. De plus, il doit contenir l'énonciation du fait qui le motive et la citation de la loi qui déclare ce fait crime ou délit (art. 96), tandis que la loi ne soumet pas à ces conditions la délivrance des autres mandats.

Ajoutons que les mandats de dépôt et d'arrêt ne peuvent avoir lieu qu'après un premier interrogatoire du prévenu. C'est une différence avec les mandats de comparution et d'amener.

Le juge d'instruction doit toujours débuter par le mandat de comparution ou d'amener, sauf à convertir ces mandats en mandats de dépôt ou d'arrêt.

Les mandats sont notifiés par huissier ou par un agent de la force publique qui les exhibe aux prévenus et leur en laisse copie. Ils sont exécutoires sur tout le territoire français.

Il n'y a pas lieu à l'emploi du mandat en matière de simple police.

Il n'y a lieu qu'au mandat de comparution lorsque le délit ne doit pas être puni d'emprisonnement, parce que, dans ce cas, l'emprisonnement préventif ne doit pas avoir lieu. Le magistrat peut, s'il le juge convenable, ne décerner également que le mandat de comparution lorsque le prévenu est domicilié et que le fait n'est puni que d'une peine correctionnelle, sauf, après l'interrogatoire, à le convertir en un autre mandat.

Si l'inculpé fait défaut, ou s'il n'est pas domicilié, le juge décerne le mandat d'amener.

C'était aussi par un mandat d'amener que le juge devait commencer contre les personnes inculpées de crimes, d'après l'article 91 du Code d'instruction criminelle; mais la loi votée par le Corps législatif le 28 juin et promulguée le 14 juillet 1865 a donné au juge d'instruction la faculté de débuter soit par le mandat de comparution, soit par le mandat d'amener, aussi bien en matière criminelle qu'en matière correctionnelle. Du reste, cet article n'a fait que consacrer un usage généralement établi et consacré même par la Cour de Cassation.

4° *Interrogatoire du prévenu.*

La loi ne nous indique pas les règles de l'interrogatoire du prévenu. Mais, par analogie avec celles qu'elle nous donne pour l'interrogatoire des témoins, nous dirons que le prévenu sera interrogé par le juge d'instruction hors la présence du procureur impérial et des témoins; le greffier reproduira aussi fidèlement que possible les déclarations spontanées et les réponses du prévenu.

Autrefois l'inculpé devait prêter serment de dire la vérité. La législation nouvelle n'a pas voulu le placer dans l'alternative de déposer contre lui-même ou de se parjurer.

C'est ici que le juge d'instruction devra déployer toute son habileté et en même temps toute sa prudence : « Qu'il se garde, dit M. Ortolan, de l'ancien esprit qui présidait à ces interrogatoires sous la procédure inquisitoriale, et des promesses, et des finesses et des obsessions ou des intimidations, en vue de surprendre, d'obtenir ou d'arracher un aveu! Il s'en gardera, sans doute, mais qu'il veille sévèrement à ce que rien de pareil ne se produise de la part des agents auxquels la surveillance de l'inculpé est livrée. Qu'on se souvienne de l'aveu de la femme Doise (1)! » On ne saurait dire aussi bien.

---

(1) T. II, p. 494.

3° *Le Secret.*

C'est la séquestration légale, fondée sur les articles 302, 613 et 618 du Code d'instruction criminelle, qui ne l'accordent pas expressément, sans doute, mais qui l'admettent implicitement.

Voici ce que disait du secret un haut dignitaire de l'Empire, quand il était avocat : « La police arrête un homme; elle le met dans un endroit qu'on appelle le *secret*, où il ne communique avec personne, où il n'entend aucun bruit du dehors; ce n'est pas, sans doute, un endroit malsain, mais c'est comme un tombeau où règne une inquiétude toujours croissante, un silence toujours égal. Que sont devenues vos affaires? Votre famille, qu'est-elle devenue? Vous ne pouvez pas le savoir. Où sont vos amis malades, votre fille en couches, votre enfant nouveau-né, votre père qui se mourait? Vous ne pouvez pas le savoir. Voilà ce que c'est que le secret; on vous met là, on vous y enferme, on vous y laisse, et ce supplice, car c'en est un, il dure plusieurs jours, plusieurs semaines, plusieurs mois. »

Quand l'accusé est tombé dans le désespoir qui saisit l'homme même le plus innocent, alors qu'il n'entend plus aucun bruit du dehors, et qu'il se voit séparé du monde entier, c'est le moment que la police choisit pour lui dire : Prenez courage, prenez confiance, je suis votre ami, votre protecteur; avouez tout, déclarez tout, car les preuves vous accablent : vous êtes perdu sans moi; avec moi, vous êtes sauvé. »

Il paraît, cependant, que le cachot n'est pas toujours aussi sain qu'il vient d'être dit, si l'on en croit un homme d'expérience et de savoir, M. Berenger, ancien président de chambre à la cour de Cassation (1) :

« L'homme soumis à ce genre de torture est ordinairement jeté dans un cachot étroit qui, le plus souvent, est humide, pavé de pierres et dont l'air ne se renouvelle qu'avec une extrême difficulté. Ce cachot ne reçoit qu'un faible rayon de lumière au moyen d'un soufflet de bois adapté à une fenêtre grillée. On y place pour tout meuble un méchant garde-paille; on n'y souffre nulle table, nulle chaise, en sorte que le prisonnier est obligé d'être constamment ou couché ou debout. »

Voici maintenant une autre description : « Le cachot d'Hazebrouck était un espace resserré de 2 mètres 15 centimètres sur 2 mètres 50 et de 3 mètres de hauteur. Il était *éclairé* et *aéré* par une lucarne *large d'une brique carrée*, ouverte au-dessus *d'une double porte donnant sur une espèce d'antichambre* éclairée par une fenêtre. C'est par là que le jour arrivait : vous jugez ce que pouvait être la lumière; c'est par

(1) *De la Justice criminelle en France.*

là que l'air se renouvelait, vous jugez avec quelle difficulté, avec quelle insuffisance. Pour couchette, une paillasse et une couverture; c'était au cœur de l'hiver, au mois de février et de mars 1861. Pour tout mobilier, le baquet, l'immonde baquet qu'on retirait deux fois par jour. Et, s'il est vrai que la paillasse était enlevée pendant le jour, l'accusée était obligée de se tenir debout ou couchée par terre. Jugez, messieurs, de la situation morale de cette infortunée! »

C'était le cachot de la femme Doise, de cette malheureuse femme enceinte, qui aima mieux, innocente, avouer qu'elle avait assassiné son père que de rester dans ce lieu infect.

Nous n'avons pas de peine à croire que le *secret* se pratique ailleurs autrement qu'à Hazebrouck; mais du moment que l'usage de ce moyen peut entraîner des abus si déplorables, il faut y renoncer. Ce n'est pas, cependant, ce qu'a fait le législateur de 1865. Il a cru devoir le maintenir; et s'il a dit qu'il ne pourrait s'étendre au delà de dix jours, il s'est empressé de décider que ce délai serait *susceptible de renouvellement*. (Art. 613 du Code d'instruction criminelle).

De la Liberté provisoire.

Il semble que l'idée de *liberté* est inséparable de celle de *perpétuité*. Le provisoire dans la liberté, c'est le provisoire dans la vertu, dans la probité, dans l'honneur, dans le droit. La liberté ne se conçoit pas plus comme provisoire que comme différée. La liberté provisoire ou différée, c'est le fait à la place du droit.

Mais ce que nous venons de dire n'est vrai que dans l'ordre philosophique et politique. S'il n'appartient à personne de mettre une nation majeure et saine d'esprit en tutelle, il appartient au législateur de fixer la mesure de liberté qui, sans péril, peut être laissée aux individus sérieusement soupçonnés d'avoir violé la loi.

Aux termes de l'article 113 du Code pénal, la liberté provisoire ne pouvait jamais être accordée au prévenu lorsque le titre de l'accusation emportait peine *afflictive ou infamante*.

Aux termes de l'article 114, modifié par la loi du 17 juillet 1856, la liberté provisoire, en matière *correctionnelle*, pouvait être accordée, mais à la charge de fournir caution.

Aux termes de l'article 113 nouveau de la loi du 14 juillet 1865, « *en toute matière*, le juge d'instruction pourra, sur la demande de l'inculpé et sur les conclusions du procureur impérial, ordonner que l'inculpé sera mis provisoirement en liberté, à charge, par celui-ci, de prendre l'engagement de se présenter à tous les actes de la procédure et pour l'exécution du jugement aussitôt qu'il en sera requis.

En matière correctionnelle, la mise en liberté sera

de droit, cinq jours après l'interrogatoire, en faveur du prévenu domicilié, quand le maximum de la peine prononcée par la loi sera inférieur à deux ans d'emprisonnement.

La disposition qui précède ne s'appliquera ni aux prévenus déjà condamnés pour crime, ni à ceux condamnés à un emprisonnement de plus d'une année.

D'après l'article 114 modifié, la mise en liberté provisoire pourra, dans tous les cas où elle n'est pas de droit, être subordonnée à l'obligation de fournir un cautionnement.

Le cautionnement sera fourni en espèces, et le montant en sera déterminé, suivant la nature de l'affaire, par le juge d'instruction, le tribunal ou la cour. Il sera versé entre les mains du receveur de l'enregistrement.

Il pourra consister aussi dans l'intervention d'une personne solvable qui prendra l'engagement de faire représenter l'inculpé à toute réquisition de justice, ou, à défaut, de verser au trésor la somme déterminée. (Art. 120 nouveau.)

Ce cautionnement garantit :

1° La représentation de l'inculpé à tous les actes le la procédure et pour l'exécution du jugement ;

2° Le payement dans l'ordre suivant :

1° Des frais faits par la partie publique,

2° De ceux avancés par la partie civile,

3° Des amendes.

L'ordonnance de mise en liberté détermine la

somme affectée à chacune des deux parties du cautionnement.

Le juge d'instruction conserve le droit, dans la suite de l'information, de décerner un nouveau mandat d'amener, de dépôt ou d'arrêt, si des circonstances nouvelles et graves rendent cette mesure nécessaire. (Article 115 nouveau.) La loi donne à cet égard un pouvoir discrétionnaire au juge d'instruction. Mais cet inconvénient aura peut-être l'avantage de rendre plus facile la mise en liberté : le juge accordera peut-être plus facilement ce qu'il pourra retirer.

Toutefois, si la liberté provisoire avait été accordée par la chambre des mises en accusation, réformant l'ordonnance du juge d'instruction, un nouveau mandat ne pourrait être décerné qu'autant que la Cour, sur les réquisitions du ministère public, aurait retiré à l'inculpé le bénéfice de la décision. (Article 115 nouveau.) S'il en était autrement, un juge d'instruction pourrait, sous le prétexte de circonstances nouvelles et graves, réformer l'arrêt d'une chambre des accusations, ce qui serait contraire aux règles de la hiérarchie.

La mise en liberté provisoire peut être demandée en tout état de cause au tribunal de police correctionnelle, si l'affaire y a été renvoyée, à la chambre des appels correctionnels ou à la chambre des accusations, jusqu'à l'arrêt de renvoi devant la Cour d'assises.

La mise en liberté provisoire, en matière criminelle, cesse en vertu de l'ordonnance de prise de corps contenue dans l'arrêt de la chambre des accusations qui renvoie l'inculpé devant la Cour d'assises.

CHAPITRE IV

DES JURIDICTIONS

Il y a deux sortes de juridictions, celles d'*instruction* et celles de *jugement*. Nous allons exposer les règles qui les concernent.

PREMIÈRE SECTION

Juridictions d'instruction

Les juridictions d'instruction sont celles qui décident s'il y a lieu ou non de renvoyer le prévenu devant la juridiction chargée de juger.

Il y a la juridiction d'instruction de première instance et la juridiction d'appel.

1° *Juridiction de première instance.*

La juridiction d'instruction de première instance était exercée avant la loi du 17 juillet par la *chambre du conseil*, composée de juges des tribunaux de première instance. Maintenant elle appartient au juge d'instruction.

Le législateur de 1856 a supprimé la chambre du conseil, afin d'abréger la prison préventive. En effet, le juge d'instruction, qui a dirigé la procédure, est en état de prononcer beaucoup plus tôt qu'une chambre qui ne présentait des garanties qu'à la condition de se livrer à un examen sérieux de l'affaire et qui dès lors ne prenait une décision qu'après un délai toujours trop long pour le prévenu, tandis que le juge d'instruction peut statuer immédiatement; et dût-il se tromper, inconvénient pour inconvénient, il vaut encore mieux préférer le système qui abrége la prison préventive.

Si le fait n'est pas punissable ou s'il n'existe pas de charges suffisantes contre le prévenu, le juge d'instruction déclare par une *ordonnance* qu'il n'y a pas lieu à suivre, et si l'inculpé est en état d'arrestation préventive, il est mis en liberté. (Article 128.)

Si le fait n'est qu'une contravention de police, le juge d'instruction renvoie le prévenu devant le juge de simple police; si le fait est de nature à être puni d'une peine correctionnelle, il le renvoie devant le tribunal de police correctionnelle. (129 et 130.)

Si le juge estime que l'infraction est de nature à être punie de peines afflictives ou infamantes et que la prévention soit suffisamment établie, il ordonne que les pièces seront transmises par le procureur impérial au procureur général pour saisir la chambre des mises en accusation. (133.)

Le procureur impérial peut faire opposition, dans tous les cas, aux ordonnances du juge d'instruction. Cette expression *opposition* de l'article 135 du Code d'instruction criminelle est inexacte : c'est *appel* qu'il fallait dire.

La partie civile peut aussi appeler. L'appel est porté devant la chambre des mises en accusation.

2° *Juridiction d'appel.*

La juridiction d'appel appartient à la chambre des mises en accusation, qui serait mieux nommée *chambre des accusations*. C'est une section de la Cour impériale, composée de cinq juges au moins et spécialement formée pour statuer sur les affaires qui lui sont envoyées par ordonnance du juge d'instruction.

Elle rend son arrêt à la suite du rapport du procureur général et, au plus tard, dans les trois jours.

Si les charges lui paraissent assez graves, elle renvoie le prévenu devant la Cour d'assises par un *arrêt de mise en accusation*. Cette décision serait mieux nommée *arrêté*, parce qu'elle n'est pas un véritable jugement. On peut dire que la Cour *arrête* que le prévenu sera renvoyé devant la Cour d'assises.

Elle prononce hors la présence du prévenu et des témoins, mais le prévenu et la partie civile peuvent lui présenter des mémoires, sans toutefois que le rapport puisse être retardé.

Elle statue par un seul et même arrêt sur les délits connexes dont les pièces se trouvent en même temps produites devant elle.

Aux termes de l'article 227 du Code d'instruction criminelle, les délits sont connexes soit lorsqu'ils ont été commis en même temps par plusieurs personnes réunies, soit lorsqu'ils ont été commis par différentes personnes, même en différents temps et en différents lieux, mais par suite d'un concert formé à l'avance entre elles, soit lorsque les coupables ont commis les uns pour se procurer les moyens de commettre les autres, pour en faciliter, pour en consommer l'exécution, ou pour en assurer l'impunité.

La chambre des accusations peut ordonner des informations nouvelles.

Elle peut exiger l'apport des pièces de conviction qui se trouveraient encore au greffe du tribunal de première instance.

Lorsqu'elle n'aperçoit aucune trace d'un délit prévu par la loi, elle ordonne la mise en liberté du prévenu; sa décision se nomme, dans ce cas, *arrêt de non-lieu*.

Si la chambre des accusations estime que le prévenu doit être renvoyé à un tribunal de simple police ou à un tribunal de police correctionnelle, elle prononce le renvoi, et, dans le premier cas, le prévenu est mis en liberté.

Lorsqu'elle prononce une mise en accusation, elle ordonne une *prise de corps*. Jusque-là les *mandats* ont pu suffire.

Cette ordonnance doit contenir l'ordre de conduire

l'accusé dans la maison de justice établie près la Cour où il sera renvoyé. (Art. 233.)

La chambre des accusations ne fonctionne pas toujours seule. Le décret du 6 juillet 1810 permet la réunion de la chambre des appels correctionnels et de la chambre des mises en accusation ou de toutes les chambres pour prononcer ensemble dans les affaires importantes par elles-mêmes ou par le nombre des prévenus.

La Cour impériale, toutes les chambres réunies, peut enlever une affaire au juge d'instruction et prononcer directement. On dit alors que la Cour *évoque* l'affaire. (Loi du 20 avril 1810.)

La chambre des accusations jouit aussi du droit d'évocation, mais seulement pour les faits qui surgissent durant l'instruction des affaires dont elle est saisie. (Art. 235.)

De l'acte d'accusation.

Dans tous les cas où le prévenu doit être renvoyé devant la Cour d'assises, le procureur général est tenu de rédiger un acte d'accusation dans lequel il expose : 1° la nature du délit qui forme la base de l'accusation; 2° le fait et toutes les circonstances qui peuvent aggraver ou diminuer la peine; les nom, prénoms, profession et domicile du prévenu.

Cet acte se termine par cette formule : *En conséquence N... est accusé d'avoir commis tel meurtre, tel vol, ou tel autre crime, avec telle et telle circonstance.*

L'arrêt de renvoi et l'acte d'accusation sont signifiés à l'accusé, et il lui en est laissé copie.

Le prévenu à l'égard duquel la Cour a rendu un *arrêt de non-lieu* ne peut plus être traduit à raison du même fait, à moins qu'il ne survienne de nouvelles charges. (Art. 241, 242, 243, 246.)

DEUXIÈME SECTION

Juridictions de jugement

On distingue des juges d'*exception* et des juges de *droit commun*. Il importe de les distinguer. Les tribunaux d'exception ne connaissent que des affaires qui leur sont formellement attribuées; les tribunaux de droit commun, au contraire, connaissent de toutes affaires d'une certaine catégorie qui ne leur sont pas retirées. Les conseils de guerre sont des juges d'exception; il en est de même des commissions spéciales qu'on voit quelquefois fonctionner pendant les orages politiques, et qui ne sont presque toujours que des instruments trop dociles.

Les tribunaux de droit commun, en matière pénale, sont : 1° les tribunaux de simple police; 2° les tribunaux de police correctionnelle; 3° les Cours d'assises, correspondant à la classification tripartite des contraventions, délits et crimes.

La juridiction de jugement comprend : 1° des juges de première instance, 2° des juges d'appel, 3° des tribunaux de premier et dernier ressort, comme la Cour d'assises et la haute Cour. Les juges de simple police sont de première instance pour les contraventions. Les tribunaux de police correctionnelle sont juges de première instance pour les délits et d'appel pour les contraventions. Les Cours impériales sont des tribunaux d'appel de police correctionnelle en général, et, dans certains cas, des juges de premier et dernier ressort, comme pour les délits commis à l'audience et dans les cas des articles 479 et suivants du Code d'instruction criminelle.

La Cour d'assises statue sur les crimes ordinaires et politiques; la haute Cour, spécialement sur les crimes politiques et les crimes de toute nature commis par certaines personnes.

Juges de simple police.

Les juges de simple police sont les juges de paix dans le canton, et le maire dans toute commune qui n'est pas chef-lieu de canton.

Les juges de paix siégent donc comme juges civils et comme juges de simple police au dernier degré de la hiérarchie.

« Art. 139. Les juges de paix connaîtront exclusi-« vement : — 1° des contraventions commises dans « l'étendue de la commune chef-lieu du canton; — « 2° des contraventions dans les autres communes « de leur arrondissement, lorsque, hors le cas où les « coupables auront été pris en flagrant délit, les con-

« traventions auront été commises par des personnes « non domiciliées ou non présentes dans la com- « mune, ou lorsque les témoins qui doivent déposer « n'y sont pas résidants ou présents; — 3° des con- « traventions à raison desquelles la partie qui ré- « clame conclut, pour ses dommages-intérêts, à une « somme indéterminée ou à une somme excédant « quinze francs; — 4° des contraventions forestières « poursuivies à la requête des particuliers; — 5° des « injures verbales; — 6° *des affiches, annonces, ven-* « *tes, distributions ou débits d'ouvrages, écrits ou* « *gravures contraires aux mœurs* (1); — 7° de l'action « contre les gens qui font le métier de deviner et « pronostiquer, ou d'expliquer les songes. »

« Art. 140. Les juges de paix connaîtront aussi, « mais concurremment avec les maires, de toutes « autres contraventions commises dans leur arron- « dissement. »

« Art. 166. Les maires des communes non chefs- « lieux de canton connaîtront, concurremment avec « les juges de paix, des contraventions commises « dans l'étendue de leur commune par les personnes « prises en flagrant délit, ou par des personnes qui « résident dans la commune ou qui y sont présentes, « lorsque les témoins y seront aussi résidants ou pré-

(1) Art. 287 et suivants du Code pénal; loi du 20 décembre 1830; *Compétence des Tribunaux correctionnels.*

« sents, et lorsque la partie réclamante conclura « pour ses dommages-intérêts à une somme déter- « minée qui n'excèdera pas celle de quinze francs. « Ils ne pourront jamais connaître des contraventions « attribuées exclusivement aux juges de paix par l'ar- « ticle 139, ni d'aucune des matières dont la con- « naissance est attribuée aux juges de paix consi- « dérés comme juges civils. »

Les maires s'abstiennent généralement de siéger comme juges, soit qu'ils aiment mieux laisser aux juges de paix le soin de juger, soit qu'ils n'aient pas, dans les communes rurales, l'instruction nécessaire pour remplir l'office de magistrats de l'ordre judiciaire.

Ils sont compétents pour prononcer des amendes de 1 à 15 francs et des emprisonnements de 1 à 5 jours, qu'il y ait ou non des objets saisis et quelle qu'en soit la valeur.

Les contraventions sont prouvées par procès-verbaux, rapports ou témoins. (Article 137 et suivants.) L'appel est porté devant les tribunaux de police correctionnelle.

Les commissaires de police, en leur absence les adjoints, remplissent les fonctions du ministère public près les juges de paix et maires jugeant les contraventions. Les maires remplissent les mêmes fonctions près les juges de paix, à défaut des commissaires de police.

Tribunaux de police correctionnelle.

Il n'y a pas de tribunaux de police correctionnelle spéciaux, le service est fait par une ou plusieurs chambres des tribunaux civils ; si le tribunal n'est composé que d'une chambre, l'office de tribunal civil et de tribunal correctionnel, et même de tribunal de commerce, lorsqu'il n'existe pas de tribunal spécial dans l'arrondissement, est rempli successivement par cette chambre.

Le roulement annuel fait passer les juges d'une chambre à une autre, lorsqu'il y a plusieurs chambres.

« Art. 179. Les tribunaux de première instance « en matière civile connaîtront, en outre, sous le « titre de tribunaux correctionnels, de tous les délits « forestiers poursuivis à la requête de l'administra- « tion, et de tous les délits dont la peine excède cinq « jours d'emprisonnement et quinze francs d'a- « mende. »

Le mot *délits* forestiers ne doit pas être pris à la lettre; il est employé ici dans un sens général et désigne les contraventions aussi bien que les délits.

Les contraventions qui sont poursuivies à la requête de l'administration sont portées devant les tribunaux de police correctionnelle, comme les délits. Cette exception à la règle générale est justifiée par la nécessité de soustraire aux influences locales le jugement de faits qui paraissent peu graves et qui cependant sont très-nuisibles à la propriété forestière; en second lieu, par l'avantage qu'on trouve à ne pas compliquer outre mesure le service des agents forestiers, qui sont, en cette matière, officiers du ministère public, en les obligeant à se présenter devant le juge de paix pour les contraventions et devant les tribunaux correctionnels pour les délits.

Les contraventions forestières commises dans les bois des particuliers sont poursuivies par les intéressés devant les tribunaux de simple police, à moins qu'il ne s'agisse de contraventions commises dans des bois soumis au régime forestier ou grevés d'une espèce de servitude pour l'endigage du Rhin (art. 159 du Code forestier, modifié par la loi du 18 juin 1859), pour lesquelles la loi attribue compétence aux tribunaux de police correctionnelle pour le jugement, et à l'administration des forêts pour la poursuite.

Les bois des particuliers soumis au régime forestier sont ceux qui sont dans l'indivision, soit avec l'Etat, soit, en général, avec les communes ou les établissements publics (1).

Les bois des particuliers grevés de la servitude

(1) On dit qu'un bois est soumis au régime forestier quand l'administration en est confiée à *l'administration des forêts*, qui forme une direction du ministère des finances.

d'endigage ou de fascinage sont ceux qui ne sont pas distants de plus de cinq kilomètres du Rhin, et seulement dans le cas d'insuffisance des bois de l'Etat d'abord, et ensuite de ceux des communes et établissements publics. (Art. 136 du Code forestier.)

Les tribunaux de police correctionnelle peuvent prononcer des condamnations à dix ans d'emprisonnement en cas de récidive.

Ils ont une compétence générale pour les délits, comme les tribunaux de simple police ont une compétence générale pour les contraventions.

Mais de même que les tribunaux de simple police ne jugent pas toutes les contraventions, de même les tribunaux de police correctionnelle ne jugent pas tous les délits.

Avant le décret du 31 décembre 1852, les délits de presse étaient de la compétence des Cours d'assises; ils sont maintenant jugés par les tribunaux correctionnels.

Dans les pays libres, on considère la juridiction des Cours d'assises comme une condition essentielle de la liberté de la presse.

« Art. 180. Ces tribunaux pourront, en matière cor-
« rectionnelle, prononcer au nombre de trois juges. »

« Art. 181. S'il se commet un délit correction-
« nel dans l'enceinte et pendant la durée de l'au-
« dience, le président dressera procès-verbal du fait,
« entendra le prévenu et les témoins, et le tribunal
« appliquera, sans désemparer, les peines pronon-

« cées par la loi. — Cette disposition aura son exé-
« cution pour les délits correctionnels commis dans
« l'enceinte et pendant la durée des audiences de
« nos Cours, et même des audiences du tribunal ci-
« vil, sans préjudice de l'appel de droit des juge-
« ments rendus dans ces cas par les tribunaux civils
« ou correctionnels. »

L'article 181 exige deux distinctions : 1° distinction entre les tribunaux civils et correctionnels, d'une part, et les tribunaux d'exception (juges de paix, tribunaux de commerce), d'autre part; 2° distinction entre les délits portant atteinte au respect dû à la magistrature et les délits ordinaires commis à l'audience, un vol, par exemple.

Tous les juges peuvent réprimer les délits portant atteinte au respect dû à la magistrature; mais les tribunaux ordinaires, c'est-à-dire des tribunaux civils et correctionnels, et nous pouvons ajouter, *à fortiori*, les Cours impériales, peuvent punir *tous* les délits commis à l'audience.

Lorsque le délit est commis dans une chambre de Cour impériale, l'appel n'est pas possible, par la raison que l'affaire a été jugée, *de plano*, par le tribunal d'appel.

« Art. 182. Le tribunal sera saisi, en matière
« correctionnelle, de la connaissance des délits de
« sa compétence, soit par le renvoi qui lui en sera
« fait d'après les articles 130 et 160 ci-dessus, soit

« par la citation donnée directement au prévenu et « aux personnes civilement responsables du délit par « la partie civile, et, à l'égard des délits forestiers, « par le conservateur, inspecteur ou sous-inspec- « teur forestier, ou par les gardes généraux, et, « dans tous les cas, par le procureur impérial. »

Les tribunaux ne peuvent, en général, connaître d'office des affaires qui rentrent dans leur compétence. Ils sont saisis, en matière civile, par les parties intéressées ou par les personnes qui les représentent. La loi nous fait connaître, dans l'article 182, les différentes manières dont les affaires sont portées devant les tribunaux de police correctionnelle.

Cet article est défectueux sous deux rapports :

1° La loi mentionne à tort l'article 160 du Code d'instruction criminelle. Cet article suppose le cas où le tribunal de simple police, reconnaissant qu'une affaire portée devant lui comme contravention est un délit en réalité, la renvoie, non au tribunal de police correctionnelle, comme le ferait croire l'article 182, mais au procureur impérial, qui saisira le tribunal. L'article 160 n'a donc rien de commun avec l'article 182.

2° Réciproquement, ce dernier article ne dit pas tout ce qu'il devrait dire ; il ne mentionne pas l'article 230 du Code d'instruction criminelle, qui veut que la chambre des accusations renvoie devant le tribunal de police correctionnelle compétent une affaire portée devant elle comme crime, tandis qu'elle n'a, en réalité, que les caractères d'un délit.

L'article 130 est relatif au cas où un juge d'instruction, ne reconnaissant pas dans une infraction les caractères d'un crime, mais seulement ceux d'un délit, renvoie le prévenu devant le tribunal de police correctionnelle.

Mais ces renvois par ordonnance du juge d'instruction (par la *chambre du conseil*, avant la loi du 17 juillet 1856) et par arrêt de la chambre des accusations ne sont pas des manières ordinaires de procéder; ils sont plutôt des résultats accidentels d'une procédure motivée par un fait qui avait présenté d'abord les apparences d'un crime, et qui a perdu sa gravité devant un examen plus sérieux.

La manière ordinaire de saisir la police correctionnelle d'un délit est la *citation*.

Le prévenu est cité devant le tribunal de police correctionnelle, soit par la partie lésée, soit par le ministère public.

Nous savons que l'action publique, en matière forestière, peut être exercée soit par le procureur impérial, soit par un des agents forestiers mentionnés dans notre article 182. Mais les gardes forestiers proprement dits n'ont pas qualité pour exercer des poursuites; leur rôle se réduit à la constatation des délits.

La partie lésée ne peut agir qu'à défaut de poursuites par le ministère public, et encore la loi ne lui donne ce droit qu'autant qu'il s'agit de *délits* ou de *contraventions*. Quant aux actions criminelles proprement dites, elles ne peuvent être exercées que par le ministère public, et le prévenu jouit de la garantie que lui présente la chambre des accusations, qui n'ordonne le renvoi devant une Cour d'assises qu'autant qu'il y a contre lui de graves présomptions.

La loi n'a pas voulu permettre à la partie lésée de se constituer partie principale dans les poursuites des crimes, de peur que l'honneur des individus et des familles ne fût à la merci de quiconque aurait une haine à satisfaire ou une vengeance à exercer.

Mais ne pourrait-on pas dire que les dommages-intérêts au profit de la personne injustement accusée seraient un frein suffisant contre les poursuites injustes ou téméraires?

La partie lésée par un crime ne peut agir que par voie de *plainte* adressée au procureur impérial.

« Art. 183. La partie civile fera, par l'acte de « citation, élection de domicile dans la ville où siége « le tribunal : la citation énoncera les faits et tiendra « lieu de plainte. »

Cette élection de domicile a pour but d'éviter des lenteurs résultant des délais des distances, lorsque des notifications doivent être faites à la partie civile, comme celle de l'article 187 du Code pénal.

La citation *énonce les faits*. Quoique cet article ne soit relatif qu'à la citation de la partie lésée, n'hésitons pas à décider que la citation de la partie publique doit énoncer également les faits. Il faut que le prévenu sache pourquoi il est cité devant le tribunal, afin qu'il puisse préparer ses moyens de défense.

La surprise serait toujours préjudiciable à l'innocent sans être d'aucun avantage contre le coupable, par la raison que ce dernier peut méditer ses moyens d'échapper à la justice avant même de commettre le délit qui motive les poursuites.

Quelle est la sanction de l'obligation d'élire domicile dans la ville où siége le tribunal? Ce n'est pas la nullité de la citation comme dans le cas de l'article 61 du Code de procédure civile, car les nullités ne peuvent pas être créées par interprétation de la loi et surtout s'il faut transporter une règle d'une matière dans une autre; mais les notifications que la loi exige dans certains cas, comme dans l'article 187, pourraient ne pas être faites à la partie poursuivante qui n'aurait pas eu la précaution d'élire domicile dans le lieu où siége le tribunal.

« Art. 184. Il y aura au moins un délai de trois « jours, outre un jour par trois myriamètres, entre « la citation et le jugement, à peine de nullité de « la condamnation qui serait prononcée par défaut « contre la personne citée. — Néanmoins cette nullité

« ne pourra être proposée qu'à la première audience,
« et avant toute exception ou défense. »

L'inobservation des délais n'entraîne pas précisément la nullité directe de la citation, mais celle de la condamnation, pourvu que cette nullité soit proposée comme il est dit dans cet article. La citation n'étant pas absolument nulle, si le prévenu se présentait, le tribunal pourrait rendre valablement sa décision. Le prévenu, toutefois, s'il n'avait pas eu le temps de préparer sa défense, à raison du trop bref délai, aurait la faculté de demander une remise de l'affaire. En cas de refus, il pourrait indirectement gagner du temps en faisant défaut. Un prévenu peut faire défaut quoique présent à l'audience. Le défaut consiste non-seulement dans l'absence du prévenu, mais encore dans son refus de se défendre.

Comment faut-il entendre le dernier paragraphe de l'article 184 : *Néanmoins cette nullité ne pourra être proposée qu'à la première audience et avant toute exception ou défense?* Il s'agit du moyen résultant du trop bref délai de la citation qui doit être opposé avant tout moyen d'opposition à la condamnation par défaut.

« Art. 185. Dans les affaires relatives à des délits
« qui n'entraîneront pas la peine d'emprisonne-
« ment, le prévenu pourra se fare représentêr par
« un avoué; le tribunal pourra néanmoins ordonner
« sa comparution en personne. »

Il résulte de cet article :

1° Que le prévenu ne peut pas se faire représenter dans tous les cas où le délit est puni d'emprisonnement ;

2° Qu'il ne peut, dans le cas où la loi lui permet de constituer un mandataire, se faire représenter que par un avoué ;

3° Que le tribunal peut ordonner la comparution du prévenu lui-même; mais il peut, dans ce cas, *se faire assister* d'un avoué.

Au contraire, un prévenu peut, dans tous les cas, se faire représenter par un mandataire, avoué ou autre, devant le tribunal de simple police. Cette différence vient de ce que les contraventions sont moins graves que les délits et qu'il y a, pour la justice, moins d'intérêt à entendre le prévenu lui-même.

Quelle est la sanction de l'obligation imposée au prévenu de se présenter en personne devant le tribunal de police correctionnelle ? Une distinction doit être faite : ou bien il s'agit du cas où le délit est puni d'emprisonnement, ou bien du cas où, le délit n'étant pas puni d'emprisonnement, le tribunal ordonne néanmoins la comparution personnelle. Dans le premier cas, c'est inutilement que le prévenu s'est fait représenter : la loi ne lui reconnaît pas le droit d'avoir un mandataire; la condamnation que peut prononcer le tribunal est par défaut.

Dans le second cas, c'est-à-dire lorsque le délit n'a pas pour conséquence l'emprisonnement, le jugement est contradictoire si le prévenu s'est fait représenter par un avoué, malgré sa non-comparution personnelle. Il est valablement représenté, mais il refuse de donner les renseignements que le tribunal lui demande.

« Art. 189. La preuve des délits correctionnels se « fera de la manière prescrite aux articles 154, 155 « et 156 ci-dessus, concernant les contraventions de « police. Le greffier tiendra note des déclarations des « témoins et des réponses du prévenu. Les notes du « greffier seront visées par le président dans les « trois jours de la prononciation du jugement. Les « dispositions des articles 157, 158, 159, 160 et 161 « sont communes aux tribunaux en matière correc- « tionnelle. »

Cet article a été modifié par la loi du 13 juin 1856. L'ancien article ne contenait que la première et la deuxième phrase. Les notes du greffier sur les déclarations des témoins et les réponses du prévenu sont utiles aux juges d'appel.

La preuve des délits de police correctionnelle se fait de la manière prescrite aux articles 154, 155 et 156 du Code d'instruction criminelle, c'est-à-dire que les preuves des délits sont faites, comme pour les contraventions, par procès-verbaux, rapports et par témoins, et même par ces moyens combinés.

Les témoins déposent à l'audience, quand même ils auraient déposé dans une instruction écrite. Aux termes de l'article 156, les ascendants ou descendants du prévenu, ses frères, ses sœurs et alliés au même degré, la femme ou son mari, même après la séparation de corps, ne seront ni appelés ni reçus en témoignage, sans que l'audition de ces personnes opère une nullité lorsque le prévenu, le ministère public ou la partie civile ne se sont pas opposés à ce qu'elles soient entendues.

Les dispositions des articles 157, 158, 159, 160 et 161 sont communes aux tribunaux correctionnels, d'après le dernier paragraphe de l'article 189. L'article 157 est relatif aux mesures que peut prendre le tribunal contre un témoin qui refuse de comparaître ou même de déposer, car il n'y a pas de différence entre celui qui ne se présente pas et celui qui garde le silence devant les juges. « Les témoins, dit notre article, qui ne satisferont point à la citation pourront y être contraints par le tribunal, qui, à cet effet, et sur la réquisition du ministère public, prononcera, dans la même audience, sur le premier défaut, l'*amende*, et en cas d'un second défaut, la contrainte par corps. » De quelle amende s'agit-il, car la loi ne l'a pas fixée d'une manière expresse? L'article 189, dit-on dans un système, se réfère à l'article 157 relatif aux témoins cités dans une affaire de simple police. L'amende sera, par conséquent, de 15 francs au *maximum*, puisque les tribunaux de simple police ne peuvent prononcer des amendes supérieures à cette somme. On répond que c'est une erreur de dire que la loi n'a pas déterminé le montant de cette amende; l'article 189, en se servant de cette expression vague, l'*amende*, renvoie à l'article 80, qui fixe, dans pareil cas, à 100 francs, au *maximum*, l'amende qui peut être prononcée contre les témoins. Quant aux pouvoirs des juges de simple police, ils ne peuvent être limités ici par la disposition de l'article 137 du Code d'instruction criminelle qui fixe à 15 francs le maximum de l'amende qu'ils peuvent prononcer. En effet, la condamnation à l'amende prononcée par les juges de simple police contre les témoins est bien moins une attribution proprement dite qu'un moyen d'assurer l'exercice de leurs fonctions. D'ailleurs, en admettant, ce qui ne doit pas être, que le tribunal de simple police ne puisse pas prononcer, dans le cas particulier qui nous occupe, une amende supérieure à 15 francs, l'obstacle n'existerait pas ici puisque l'amende est prononcée par un tribunal de police correctionnelle.

L'article 158 ajoute : « Le témoin ainsi condamné à l'amende sur le premier défaut et qui, sur la seconde citation, produira devant le tribunal des excuses légitimes, pourra, sur les conclusions du ministère public, être déchargé de l'amende. »

L'article 159 prévoit le cas où le fait ne présente ni délit ni contravention de police, et il déclare que le tribunal annulera la citation et tout ce qui aura suivi, et statuera par le même jugement sur les demandes en dommages-intérêts. Nous savons en effet que le prévenu peut avoir encouru la condamnation civile, sans encourir une condamnation pénale. Quiconque, par sa faute, cause un préjudice à autrui doit le réparer; or on peut causer un préjudice par un fait involontaire et non punissable. Ce que l'article 159 dit pour les contraventions, auxquelles il est relatif, est vrai pour les délits dont s'occupe notre article 189.

L'article 160 dispose implicitement que, si le fait est un crime, le tribunal de police correctionnelle devra se dessaisir, et l'instruction commencera ou recommencera dans le cas où, faute de preuves de crime, le juge d'instruction ou la chambre des accusations avait renvoyé le prévenu devant la police correctionnelle, en considérant comme délit le fait qui était un crime en réalité.

Mais le tribunal pourrait prononcer le jugement si le fait n'était qu'une contravention, pourvu, toutefois, que l'exception d'incompétence ne fût pas soulevée. Dans ce cas, l'appel ne serait pas possible, par la raison que les appels de simple police sont portés devant le tribunal correctionnel et que ce tribunal a prononcé.

« Art. 190. L'instruction sera publique, à peine « de nullité. Le procureur impérial, la partie civile ou

« son défenseur, et, à l'égard des délits forestiers, le « conservateur, inspecteur ou sous-inspecteur forestier, ou, à leur défaut, le garde général, exposeront l'affaire ; les procès-verbaux ou rapports, s'il « en a été dressé, seront lus par le greffier ; les té« moins pour et contre seront entendus s'il y a lieu, « et les reproches proposés et jugés ; les pièces pou« vant servir à conviction ou à décharge seront re« présentées aux témoins et aux parties ; le prévenu « sera interrogé ; le prévenu et les personnes civile« ment responsables proposeront leurs défenses ; le « procureur impérial résumera l'affaire et donnera « ses conclusions ; le prévenu et les personnes civile« ment responsables du délit pourront répliquer. — « Le jugement sera prononcé de suite ou, au plus « tard, à l'audience qui suivra celle où l'instruction « aura été terminée. »

Les reproches dont il est question dans cet article ne sont pas les mêmes que dans l'article 283 du Code de procédure civile. Notre article ne se réfère qu'à l'article 156 du Code d'instruction criminelle, qui n'est relatif qu'aux ascendants, descendants, frères, sœurs et alliés au même degré, la femme et le mari.

Le procureur impérial résumera l'affaire. Il résumera ou développera l'affaire à son gré. Il donnera ses conclusions, voilà l'essentiel. Ce résumé, qui n'est pas obligatoire, n'a rien de commun avec celui que doit faire le président de la Cour d'assises à la fin des débats d'une affaire.

« Art. 191. Si le fait n'est réputé ni délit ni contra- « vention de police, le tribunal annulera l'instruc- « tion, la citation et tout ce qui aura suivi, renverra « le prévenu, et statuera sur les demandes en dom- « mages-intérêts. »

« Art. 192. Si le fait n'est qu'une contravention « de police, et si la partie publique ou la partie civile « n'a pas demandé le renvoi, le tribunal appliquera « la peine, et statuera, s'il y a lieu, sur les dommages- « intérêts. — Dans ce cas son jugement sera en der- « nier ressort. »

« Art. 193. Si le fait est de nature à mériter une « peine afflictive ou infamante, le tribunal pourra dé- « cerner de suite le mandat de dépôt ou le mandat « d'arrêt, et il renverra le prévenu devant le juge « d'instruction compétent. »

Ces articles, reproduisant des règles que nous connaissons déjà, ne demandent aucune explication spéciale.

« Art. 194. Tout jugement de condamnation rendu « contre le prévenu et contre les personnes civile- « ment responsables du délit, ou contre la partie « civile, les condamnera aux frais, même envers la

« partie publique. — Les frais seront liquidés par le « même jugement. »

Cet article consacre le droit commun, ce qui semble superflu, mais il importe de savoir qu'il n'en a pas toujours été ainsi, et qu'à une autre époque les frais de poursuites restaient à la charge du Trésor, même lorsque le prévenu, les personnes responsables ou la partie civile succombaient.

« Art. 195. Dans le dispositif de tout jugement de « condamnation seront énoncés les faits dont les per- « sonnes citées seront jugées coupables ou respon- « sables, la peine et les condamnations civiles. — Le « texte de la loi dont on fera l'application sera lu à « l'audience par le président ; il sera fait mention « de cette lecture dans le jugement, et le texte de la « loi y sera inséré, sous peine de cinquante francs « d'amende contre le greffier. »

Il ne faut pas confondre les personnes responsables avec les personnes punissables. (Article 1384 du Code civil.)

Le texte de la loi doit être lu à l'audience et inséré par le greffier dans le jugement. Mais ce n'est pas à peine de nullité, comme pour les jugements de simple police, d'après l'article 163 du Code d'instruction criminelle. Les mêmes formalités doivent être remplies quand il s'agit d'un arrêt de Cour d'assises (art. 369), mais la loi ne prononce qu'une amende en cas d'inobservation des formalités; l'arrêt n'est pas nul par conséquent.

« Art. 196. La minute du jugement sera signée au « plus tard dans les vingt-quatre heures par les juges « qui l'auront rendu. — Les greffiers qui délivreront « expédition d'un jugement avant qu'il ait été signé « seront poursuivis comme faussaires. — Les procu- « reurs impériaux se feront représenter, tous les « mois, les minutes des jugements; et, en cas de « contravention au présent article, ils en dresseront « procès-verbal pour être procédé ainsi qu'il appar- « tiendra. »

« Art. 197. Le jugement sera exécuté à la requête « du procureur impérial et de la partie civile, « chacun en ce qui le concerne. — Néanmoins les « poursuites pour le recouvrement des amendes et « confiscations seront faites, au nom du procureur « impérial, par le directeur de la régie des droits « d'enregistrement et domaines. »

Délits flagrants. — Loi du 20 *mai* 1863.

Aux termes de l'article 41 du Code d'instruction criminelle, « le délit qui se commet actuellement, « ou qui vient de se commettre est un flagrant délit. »

« Seront aussi réputés flagrant délit le cas où le « prévenu est poursuivi par la clameur publique, et

« celui où le prévenu est trouvé saisi d'effets, armes, « instruments ou papiers faisant présumer qu'il est « l'auteur ou le complice, pourvu que ce soit dans « un temps voisin du délit. »

La loi du 20 mai 1863 a dérogé aux règles ordinaires de la procédure, en ce qui touche les délits de police correctionnelle flagrants, en vue d'abréger la prison préventive dans un grand nombre de cas.

Ses innovations concernent : 1° les attributions du juge d'instruction ; 2° celles du procureur impérial ; 3° les délais ; 4° les formes des citations.

Le juge d'instruction est mis à l'écart ; ses attributions sont supprimées.

Le procureur impérial, au contraire, joue un rôle plus important que dans les affaires ordinaires.

L'inculpé arrêté est immédiatement conduit devant le procureur impérial, qui l'interroge et le traduit sur-le-champ, s'il y a lieu, à l'audience du tribunal.

Le procureur impérial peut le mettre sous mandat de dépôt, mais évidemment ce mandat ne sera pas de longue durée, puisque la condamnation ou l'acquittement ne peut se faire attendre longtemps (article 1er). C'est une exception à la règle qui veut que le mandat de dépôt soit décerné par le juge d'instruction, mais il ne peut être décerné par le procureur impérial qu'autant que ce magistrat juge convenable de traduire le prévenu devant le tribunal le jour même ou le lendemain.

S'il n'y a pas d'audience, le procureur impérial est tenu de faire citer l'inculpé pour l'audience suivante. Le tribunal est, au besoin, spécialement convoqué (article 2). Dans ce cas, la citation est faite par exploit.

Les témoins peuvent être *verbalement* requis par tout officier de police judiciaire ou agent de la force publique (article 3). Ils sont tenus de comparaître sous les peines portées par l'article 157 du Code d'instruction criminelle.

Si l'inculpé le demande, le tribunal lui accorde un délai de trois jours au moins pour préparer sa défense (article 4.)

Si l'affaire n'est pas en état de recevoir jugement, le tribunal en ordonne le renvoi, pour plus ample information, à l'une des plus prochaines audiences, et, s'il y a lieu, met l'inculpé en liberté, avec ou sans caution.

Aux termes de l'article 6, l'inculpé, s'il est acquitté, est, immédiatement et nonobstant appel, mis en liberté. Cette disposition a été étendue aux délits non flagrants par la loi du 14 juillet 1865.

L'article 7 décide que la loi n'est pas applicable aux délits de presse, aux délits politiques, ni aux matières dont la procédure est réglée par des lois spéciales.

Cours d'Assises.

Les Cours d'assises se composent de deux éléments, les juges de la culpabilité ou de la non-culpabilité, qui sont de simples citoyens nommés jurés et les magistrats chargés de l'application de la loi. Les jurés sont ainsi nommés parce qu'ils remplissent leurs fonctions sous la foi du serment.

Cette grande institution a été souvent l'objet de critiques injustes et passionnées; mais l'opinion publique la défend et il serait difficile de la détruire.

Les jurés sont des hommes indépendants, qui puisent les éléments d'une conviction, dont ils ne doivent compte à personne, plutôt dans leur conscience que dans les subtilités du droit.

La justice par jurés est une importation anglaise. Notre amour-propre national ne doit pas empêcher de nous approprier une institution dont les avantages sont démontrés par une longue expérience. Nous avons d'ailleurs beaucoup à donner à l'Angleterre, si nous lui faisons quelques emprunts.

Le jury anglais se divise en grand et petit jury, ou, si l'on veut, en jury d'*accusation* et jury de *jugement*. Notre Code criminel du 29 septembre 1791 avait admis ce système, mais le Code pénal de 1810 a confié les fonctions du jury d'accusation aux chambres des mises en accusation. Le jury de *jugement* a été conservé. Une autre différence sensible entre nos institutions judiciaires et celles de l'Angleterre, c'est que, dans notre pays, les prévenus sont poursuivis par des agents spéciaux, composant le ministère public; tandis qu'en Angleterre, dans la plupart des cas, les poursuites sont exercées par la partie lésée, comme dans le Droit romain.

Si cette institution du jury est considérée par le plus grand nombre des jurisconsultes et des hommes politiques comme très-utile, tous ne sont pas d'accord sur la manière dont elle doit être organisée. Chaque gouvernement l'a façonnée suivant ses principes et ses besoins. Nous ne suivrons pas le législateur dans toutes les réorganisations. Nous nous contenterons d'analyser la loi des 4-10 juin 1853, qui est actuellement en vigueur. Elle a succédé à celle du 7 août 1848 et elle a eu pour but de restreindre l'aptitude des citoyens aux fonctions de jurés.

Composition du Jury.

La loi qui organise actuellement le jury est celle du 10 juin 1853.

Nul ne peut remplir les fonctions de juré s'il n'est âgé de trente ans accomplis, s'il ne jouit des droits politiques, civils et de famille. (Article 1er.)

L'article 2 prononce un grand nombre d'incapacités, perpétuelles ou temporaires, notamment contre les individus condamnés à des peines infamantes, ou à certaines peines correctionnelles, contre certains officiers publics destitués, contre les faillis non réhabilités. L'article 3 fait connaître les incompatibilités. Deux fonctions sont incompatibles lorsqu'elles ne peuvent pas être réunies dans la même personne.

Les fonctions de juré sont incompatibles avec celles de ministre, de président du Sénat, de président du Corps législatif, de membre du Conseil d'Etat, de préfet, de sous-préfet, de juge, de commissaire de police, de ministre d'un culte reconnu.

L'article 5 dispense des fonctions de juré les septuagénaires et ceux qui ont besoin pour vivre de leur travail manuel et journalier.

On distingue trois listes du jury ;

1° La liste annuelle ;

2° La liste de session ;

3° La liste de chaque affaire ou tableau du jury.

Liste annuelle. — Cette liste est composée de 2,000 jurés pour le département de la Seine. Dans les autres départements le nombre varie entre 300 et 500, suivant la population.

Le nombre des jurés est réparti, pour la liste annuelle, par arrondissement et par canton, proportionnellement au tableau de la population. Cette répartition est faite par arrêté du préfet, pris en conseil de préfecture, dans la première quinzaine du mois d'octobre de chaque année. A Paris et à Lyon, par la force des choses, elle ne se fait que par arrondissement (1).

Des listes préparatoires sont dressées par une commission composée du juge de paix et de tous les maires du canton. Ces listes contiennent un nombre de noms triple de celui qui est fixé par le préfet pour le contingent du canton.

La commission est composée à Paris, pour chaque arrondissement, du juge de paix, du maire et de ses adjoints. Elle est composée de même dans les cantons formés d'une seule commune.

Les commissions chargées de dresser les listes préparatoires se réunissent au chef-lieu de leur circonscription dans la première huitaine du mois de novembre, sur la convocation du juge de paix. Chaque liste est adressée au préfet pour l'arrondis-

(1) On sait que l'agglomération lyonnaise est divisée en cinq arrondissements et Paris en vingt arrondissements.

sement chef-lieu du département, et au sous-préfet pour les autres arrondissements.

Une nouvelle commission, composée du préfet, président, au chef-lieu du département, du sous-préfet, président, au chef-lieu d'arrondissement, et de tous les juges de paix de l'arrondissement, choisit sur les listes préparatoires des cantons le nombre de jurés nécessaires pour former la liste d'arrondissement.

Le préfet dresse la liste du département sur les listes d'arrondissement; il dresse également une liste spéciale de jurés suppléants pris parmi les jurés de la ville où se tiennent les assises, sur une liste en nombre triple disposée comme la liste annuelle ordinaire.

Ces listes, dressées avant le 15 décembre, sont transmises au greffe de la Cour ou du tribunal chargé de la tenue des assises.

Liste de session. — Dix jours au moins avant l'ouverture des assises, le premier président de la Cour impériale ou le président du tribunal du chef-lieu judiciaire, dans les villes où il n'y a pas de Cour d'appel, tire au sort en audience publique, sur la liste annuelle, les noms de trente-six jurés qui forment la liste de la session. Il tire, en outre, quatre jurés suppléants sur la liste spéciale pour compléter la liste, si au jour indiqué pour le jugement le nombre des jurés est réduit à moins de trente par suite d'absences ou d'autres causes. (Art. 17.)

Sont excusés, sur leur demande, les sénateurs et les membres du Corps législatif, pendant la durée des sessions seulement ; 2° ceux qui ont rempli les fonctions de juré pendant l'année précédente et l'année courante.

Liste de jugement. — Au jour indiqué pour *chaque affaire*, le président des assises, assisté du greffier en la Chambre du conseil, tire les noms de douze jurés qui doivent former la dernière liste, c'est-à-dire celle des membres du jury qui fonctionneront dans cette affaire. C'est, comme pour la liste de session, le tirage au sort qui préside à sa formation. Les noms des trente-six jurés sont placés dans une urne ; ensuite le président des assises, en présence de l'accusé et du procureur général, tire les noms les uns après les autres. A mesure qu'ils sortent, le prévenu ou son conseil et le procureur général peuvent récuser tels jurés qu'ils jugent à propos, sans donner aucun motif. Le jury est formé dès l'instant où il est sorti de l'urne douze noms de jurés non récusés. Mais les récusations doivent s'arrêter dès qu'il reste dans l'urne seulement le nombre des jurés nécessaires pour compléter ou former la liste. S'il en était autrement, il serait facile d'arrêter le cours de la justice en récusant tous les jurés.

Nous avons dit que cette liste était formée pour une affaire seulement ; de sorte qu'après l'arrêt les noms de trente-six jurés formant la liste de session sont remis dans l'urne pour l'affaire suivante et tirés comme pour l'affaire précédente.

Les jurés non sortants ou récusés attendent ainsi jusqu'à la dernière affaire l'appel possible de leurs noms, remis chaque fois dans l'urne.

Lorsqu'une affaire, par sa complication ou sa gravité, est présumée devoir occuper plusieurs audiences, le président tire au sort un ou deux jurés supplémentaires qui prêtent serment, assistent aux débats pour être aptes à remplacer les jurés dont les fonctions seraient accidentellement interrompues.

Il ne faut pas confondre ces jurés supplémentaires avec les quatre dont les noms sont tirés lors de la formation de la liste de session. Les premiers sont pris sur la liste des trente-six jurés ordinaires, tandis que les autres, pris dans la liste spéciale, ne prennent part au jugement des affaires qu'autant que la liste de session, par les absences ou empêchements, serait réduite à un nombre inférieur à trente.

Magistrats de la Cour d'assises.

Nous avons dit que la Cour d'assises se composait de deux éléments, le jury et la Cour. Nous avons vu la composition du jury. Dans les départements où siégent les Cours impériales, la Cour d'assises est composée de trois membres de la Cour impériale, dont l'un exerce les fonctions de président et les deux autres siégent comme assesseurs.

Dans les autres départements, la Cour d'assises est composée :

1° D'un conseiller de la Cour impériale délégué qui exerce les fonctions de président;

2° De deux assesseurs choisis, soit parmi les conseillers de la Cour impériale, lorsqu'elle le juge convenable, soit parmi les présidents ou juges du tribunal de première instance du lieu de la tenue des assises.

C'est le premier président de la Cour impériale, sur l'avis du procureur général, qui désigne les présidents et juges du tribunal qui doivent concourir à former la magistrature de la Cour d'assises, d'après la loi du 21 mars 1855. Quant aux présidents et assesseurs des assises du chef-lieu de la Cour impériale, le ministre, d'après un décret de 1810, peut les désigner. S'il ne l'a pas fait, c'est le premier président de la Cour impériale qui les désigne.

Les membres de la Cour impériale qui ont voté sur une mise en accusation ne peuvent, dans cette affaire, ni présider ni assister le président comme magistrats assesseurs, à peine de nullité.

Il en est de même du juge d'instruction.

Les Cours d'assises se tiennent ordinairement au chef-lieu de département. Cependant, lorsqu'une Cour impériale siége ailleurs, comme celle de Riom, les assises se tiennent au siége de la Cour. Lorsqu'il plaît à la Cour de tenir les assises ailleurs qu'au lieu habituel, elle peut choisir un autre siége dans une délibération prise par toutes les Chambres réunies et après avoir pris les conclusions du procureur général. (Art. 258 du Code d'instruction criminelle et 90 du décret de 1810.) Dans ce cas, le jour de l'ouverture des assises est fixé par cette délibération.

Magistrats du Ministère public.

Les fonctions du ministère public sont exercées, dans le cas où la Cour d'assises se réunit au lieu où siége la Cour impériale, soit par le procureur général, soit par un des avocats généraux, soit par un substitut du procureur général.

Lorsque la Cour d'assises se réunit dans un département où ne siége pas la Cour impériale, les fonctions du ministère public sont remplies par le procureur impérial du tribunal de première instance du lieu, sans préjudice du droit qu'a toujours le procureur général de les exercer lui-même ou de déléguer un avocat général ou un de ses substituts.

Sessions des assises.

Les assises sont réunies tous les trois mois; le jour de la réunion est fixé par ordonnance du premier président de la Cour impériale. Il peut y avoir des sessions extraordinaires. Dans ce cas, elles sont présidées par le magistrat qui a présidé les assises ordinaires.

A Paris, les sessions se succèdent de quinzaine en quinzaine, sans interruption. Celle de la première quinzaine de chaque trimestre est la session ordinaire; les autres sont des sessions extraordinaires.

Il résulte de ce que nous avons dit que les magistrats et les juges qui composent les assises constituent des *commissions temporaires*. Elles statuent seulement sur les affaires d'une session, mais elles ne se séparent qu'après en avoir épuisé toute la liste.

CHAPITRE V

DE L'EXAMEN

« Art. 310. L'accusé comparaîtra libre, et seule-
« ment accompagné de gardes pour l'empêcher de
« s'évader. Le président lui demandera son nom,
« ses prénoms, son âge, sa profession, sa demeure
« et le lieu de sa naissance. »

Le législateur a voulu que l'accusé ne fût pas enchaîné, afin que la liberté physique, chez lui, fût l'image de la liberté morale dont il jouit pour se défendre. On prend des précautions néanmoins pour prévenir son évasion.

« Art. 311. Le président avertira le conseil de
« l'accusé qu'il ne peut rien dire contre sa conscience

« ou contre le respect dû aux lois, et qu'il doit « s'exprimer avec décence et modération. »

Il s'agit de l'avocat que l'accusé désigne ou qui lui est donné d'office, conformément aux dispositions des articles 294 et 295 du Code d'instruction criminelle.

« Art. 312. Le président adressera aux jurés, de« bout et découverts, le discours suivant :

« Vous jurez et promettez devant Dieu et devant « les hommes d'examiner avec l'attention la plus « scrupuleuse les charges qui seront portées contre « N., de ne trahir ni les intérêts de l'accusé, ni ceux « de la société qui l'accuse; de ne communiquer avec « personne jusqu'après votre déclaration; de n'écou« ter ni la haine ou la méchanceté, ni la crainte ou « l'affection; de vous décider d'après les charges et « les moyens de défense, suivant votre conscience et « votre intime conviction, avec l'impartialité et la « fermeté qui conviennent à un homme probe et « libre. »

« Chacun des jurés, appelé individuellement par le « président, répondra, en levant la main : *Je le jure*, « à peine de nullité. »

« Art. 353. L'examen et les débats, une fois enta« més, devront être continués sans interruption et « sans aucune espèce de communication au dehors,

« jusqu'après la déclaration du jury inclusivement.
« Le président ne pourra les suspendre que pendant « les intervalles nécessaires pour le repos des juges, « des jurés, des témoins et des accusés. »

Les jurés ne doivent pas communiquer avec le public, afin d'éviter toute influence étrangère aux débats. Mais dans la pratique cette prescription de la loi n'est pas rigoureusement observée. Dans l'intervalle des séances, les jurés communiquent avec des personnes de l'intérieur. Alors, du moins en pratique, se présente ce résultat bizarre, que le défaut de serment de ne pas communiquer serait une cause de nullité de l'arrêt, tandis que la communication elle-même n'en est pas une!

« Art. 313. Immédiatement après, le président « avertira l'accusé d'être attentif à ce qu'il va en- « tendre.

« Il ordonnera au greffier de lire l'arrêt de la « Cour royale portant renvoi à la Cour d'assises, et « l'acte d'accusation.

« Le greffier fera cette lecture à haute voix. »

« Art. 314. Après cette lecture, le président rap- « pellera à l'accusé ce qui est contenu en l'acte d'ac- « cusation, et lui dira : « Voilà de quoi vous êtes ac- « cusé; vous allez entendre les charges qui seront « produites contre vous. »

Dans la pratique, le président ne rappelle pas à l'accusé ce qui est contenu dans l'acte d'accusation ; il se contente de lui répéter ces termes de l'article 314 : « Voilà de quoi vous êtes accusé ; vous allez entendre les charges qui seront produites contre vous. »

« Art. 315. Le procureur général exposera le su-« jet de l'accusation ; il présentera ensuite la liste des « témoins qui devront être entendus, soit à sa re-« quête, soit à la requête de la partie civile, soit à « celle de l'accusé.

« Cette liste sera lue à haute voix par le greffier.

« Elle ne pourra contenir que les témoins dont les « noms, profession et résidence auront été notifiés, « vingt-quatre heures au moins avant l'examen de « ces témoins, à l'accusé, par le procureur général « ou la partie civile, et au procureur général par « l'accusé ; sans préjudice de la faculté accordée au « président par l'article 269.

« L'accusé et le procureur général pourront, en « conséquence, s'opposer à l'audition d'un témoin « qui n'aurait pas été indiqué ou qui n'aurait pas été « clairement désigné dans l'acte de notification.

« La Cour statuera de suite sur cette opposition. »

« Art. 354. Lorsqu'un témoin qui aura été cité « ne comparaîtra pas, la Cour pourra, sur la réquisi-« sition du procureur général, et avant que les débats « soient ouverts par la déposition du premier témoin

« inscrit sur la liste, renvoyer l'affaire à la prochaine « session. »

« Art. 355. Si, à raison de la non-comparution « du témoin, l'affaire est renvoyée à la session sui- « vante, tous les frais de citation, actes, voyages de « témoins, et autres ayant pour objet de faire juger « l'affaire, seront à la charge de ce témoin, et il y sera « contraint, même par corps, sur la réquisition du « procureur général, par l'arrêt qui renverra les dé- « bats à la session suivante. — Le même arrêt or- « donnera, de plus, que ce témoin sera amené par « la force publique devant la Cour pour y être en- « tendu. — Et néanmoins, dans tous les cas, le té- « moin qui ne comparaîtra pas ou qui refusera, soit « de prêter serment, soit de faire sa déposition, sera « condamné à la peine portée en l'article 80. »

« Art. 356. La voie de l'opposition sera ouverte « contre ces condamnations dans les dix jours de la « signification qui en aura été faite au témoin con- « damné ou à son domicile, outre un jour par cinq « myriamètres; et l'opposition sera reçue s'il prouve « qu'il a été légitimement empêché, ou que l'amende « contre lui prononcée doit être modérée. »

La pratique est encore ici plus forte que la loi; en fait, le ministère public n'expose pas le sujet de l'accusation. L'accusé, dit-on, a été assez averti par la lecture de l'arrêt de renvoi et de l'acte d'accusation et par les notifications qui lui en ont été faites. Ce serait lui nuire au lieu de le servir : il ne faut pas tenir trop longtemps les jurés sous l'impression de charges que l'accusé ne peut pas encore combattre.

Les noms des témoins doivent être signifiés à l'avance, afin de permettre la recherche des faits qui pourraient motiver des récusations, ou rendre leur témoignage suspect, sans préjudice des dispositions des articles 268 et 269 du Code d'instruction criminelle. L'article 268 porte : « Le président est investi d'un pouvoir discrétionnaire, en vertu duquel il pourra prendre sur lui tout ce qu'il croira utile pour découvrir la vérité ; et la loi charge son honneur et sa conscience d'employer tous ses efforts pour en favoriser la manifestation. » L'article 269 : « Il pourra, dans le cours des débats, appeler, même par un mandat d'amener, et entendre toutes personnes, ou se faire apporter toutes nouvelles pièces, qui lui paraîtraient, d'après les nouveaux développements donnés à l'audience, soit par les accusés, soit par les témoins, pouvoir répandre un jour utile sur le fait contesté. Les témoins ainsi appelés ne prêteront point serment et leurs déclarations ne seront considérées que comme renseignements. »

« Art. 316. Le président ordonnera aux témoins « de se retirer dans la chambre qui leur sera des- « tinée. Ils n'en sortiront que pour déposer. Le pré- « sident prendra des précautions, s'il en est besoin, « pour empêcher les témoins de conférer entre eux

« du délit et de l'accusé avant leur déposition. »

« Art. 317. Les témoins déposeront séparément « l'un de l'autre, dans l'ordre établi par le procu« reur général. Avant de déposer, ils prêteront, à « peine de nullité, le serment de parler sans haine « et sans crainte, de dire toute la vérité, rien que la « vérité.

« Le président leur demandera leurs nom, pré« noms, âge, profession, leur domicile ou résidence, « s'ils connaissaient l'accusé avant le fait mentionné « dans l'acte d'accusation, s'ils sont parents ou al« liés, soit de l'accusé, soit de la partie civile, et à « quel degré; il leur demandera encore s'ils ne sont « pas attachés au service de l'un ou de l'autre; cela « fait, les témoins déposeront oralement. »

Les questions que doit faire le président aux témoins, d'après l'article 317, ont pour but non-seulement l'application de l'article 322, qui ne permet pas que le témoignage de certaines personnes soit reçu, mais encore de faire connaître au jury les circonstances, les relations qui peuvent rendre suspecte la déposition de certains témoins pour lesquels il n'existe pas de cause légale de récusation.

Suivant la dernière disposition de l'article 317, les témoins *déposent oralement*. Comment faut-il entendre cette expression? La pratique est en désaccord avec la théorie sur ce point. Elle admet le témoignage des témoins non présents. Il serait juste cependant de ne pas tenir compte de la déposition d'un témoin qui ne vient pas confirmer ses déclarations à l'audience. Tel témoignage, en effet, qui semble très-grave, peut tomber devant les explications provoquées par l'accusé et tourner même à son profit. Comment arriver à ce résultat si le témoin évite, par son absence, le contrôle auquel la loi paraît avoir voulu le soumettre?

Les adversaires de cette opinion disent que la disposition du Code de brumaire an IV, qui considérait comme non avenue la déposition écrite du témoin non présent à l'audience n'a pas été reproduite.

Les termes de cet article n'ont pas été, sans doute, textuellement reproduits; mais l'article 317 peut-il s'exprimer plus clairement pour exiger la présence du témoin quand il dit qu'il déposera *oralement?*

« Art. 318. Le président fera tenir note, par le « greffier, des additions, changements ou variations « qui pourraient exister entre la déposition d'un té- « moin et ses précédentes déclarations.

« Le procureur général et l'accusé pourront re- « quérir le président de faire tenir les notes de ces « changements, additions et variations. »

Le greffier prend note des variations du témoin, afin que les contradictions soient mieux constatées et qu'il en reste des preuves pour les poursuites en faux témoignage qui pourront être exercées contre lui.

Les contradictions entre la déposition orale et la déposition écrite prouvent que le témoin n'avait pas dit la vérité dans la déposition écrite ou qu'il ment dans la déposition orale. Les contradictions peuvent exister aussi entre les déclarations faites dans la déposition orale.

« Art. 319. Après chaque déposition, le président « demandera au témoin si c'est de l'accusé présent « qu'il a entendu parler; il demandera ensuite à « l'accusé s'il veut répondre à ce qui vient d'être dit « contre lui.

« Le témoin ne pourra être interrompu : l'accusé « ou son conseil pourront le questionner par l'or- « gane du président, après sa déposition, et dire, « tant contre lui que contre son témoignage, tout ce « qui pourra être utile à la défense de l'accusé.

« Le président pourra également demander au « témoin et à l'accusé tous les éclaircissements qu'il « croira nécessaires à la manifestation de la vérité.

« Les juges, le procureur général et les jurés au- « ront la même faculté, en demandant la parole au « président. La partie civile ne pourra faire des « questions, soit au témoin, soit à l'accusé, que par « l'organe du président. »

Les témoins déposent d'abondance. Les questions peuvent ensuite être faites.

Le président a la direction de l'audience; c'est à ce titre qu'il transmet les questions faites aux témoins. Mais ce système a ses inconvénients; un témoin de mauvaise foi a le loisir de préparer des réponses à des questions qui auraient pu le convaincre d'imposture, s'il avait dû répondre directement et sur-le-champ.

« Art. 320. Chaque témoin, après sa déposition, « restera dans l'auditoire, si le président n'en a or- « donné autrement, jusqu'à ce que les jurés se soient « retirés pour donner leur déclaration. »

On peut avoir des questions à adresser aux témoins, des éclaircissements à leur demander pendant les débats.

« Art. 321. Après l'audition des témoins pro- « duits par le procureur général et par la partie ci- « vile, l'accusé fera entendre ceux dont il aura « notifié la liste, soit sur les faits mentionnés dans « l'acte d'accusation, soit pour attester qu'il est « homme d'honneur, de probité et d'une conduite « irréprochable.

« Les citations faites à la requête des accusés se- « ront à leurs frais, ainsi que les salaires des té- « moins cités, s'ils en requièrent; sauf au procureur « général à faire citer à sa requête les témoins qui « lui seront indiqués par l'accusé, dans le cas où il « jugerait que leur déclaration peut être utile pour « la découverte de la vérité. »

Le dernier paragraphe de l'article 321 renferme une disposition inique. Les accusés supportent les frais de citation des témoins dans tous les cas.

C'est raisonnable quand ils sont condamnés, car il est de principe que les frais sont à la charge de la partie qui perd son procès. Mais c'est d'une souveraine injustice lorsqu'ils sont acquittés. Pourquoi l'État ne supporterait-il pas les frais occasionnés à tort? N'est-ce pas assez qu'il ait compromis l'honneur d'un innocent? J'aime bien mieux le Code pénal du canton de Vaud, qui permet d'accorder des dommages-intérêts aux individus acquittés.

« Art. 322. Ne pourront être reçues les dépositions :

« 1° Du père, de la mère, de l'aïeul, de l'aïeule, « ou de tout autre ascendant de l'accusé ou de l'un « des accusés présents et soumis au même débat;

« 2° Du fils, fille, petit-fils, petite-fille, ou de tout « autre descendant;

« 3° Des frères et sœurs;

« 4° Des alliés aux mêmes degrés;

« 5° Du mari et de la femme, même après le « *divorce* prononcé;

« 6° Des dénonciateurs dont la dénonciation est « récompensée pécuniairement par la loi;

« Sans néanmoins que l'audition des personnes « ci-dessus désignées puisse opérer une nullité, « lorsque, soit le procureur général, soit la partie

« civile, soit les accusés, ne se sont pas opposés à « ce qu'elles soient entendues. »

La loi ne permet pas de recevoir le témoignage des dénonciateurs récompensés par la loi. Les cas de récompenses sont rares. Sur les assignats étaient ces mots : « La loi punit le contrefacteur, et récompense le dénonciateur. » Les billets de banque ne portent rien de semblable. Mais la loi du 5 fructidor an v récompense les dénonciateurs des fabricants de poudre ou de salpêtre.

« Art. 323. Les dénonciateurs autres que ceux ré« compensés pécuniairement par la loi pourront être « entendus en témoignage; mais le jury sera averti « de leur qualité de dénonciateurs.

Quelle est la personne chargée de faire connaître au jury que le témoin est en même temps dénonciateur? L'accusé? Mais il ne le sait peut-être pas. Le ministère public? Mais, d'après l'article 358, il n'est pas tenu de faire connaître le dénonciateur avant l'acquittement. On peut dire que le procureur général, qui n'est pas forcé de faire connaître en général le dénonciateur, si ce n'est en cas d'acquittement, devra le faire dans ce cas particulier.

« Art. 324. Les témoins produits par le procureur « général ou par l'accusé seront entendus dans le « débat, même lorsqu'ils n'auraient pas préalable« ment déposé par écrit, lorsqu'ils n'auraient reçu

« aucune assignation, pourvu, dans tous les cas, « que ces témoins soient portés sur la liste mention- « née dans l'article 315. »

« Art. 325. Les témoins, par quelque partie qu'ils « soient produits, ne pourront jamais s'interpeller « entre eux. »

« Art. 326. L'accusé pourra demander, après « qu'ils auront déposé, que ceux qu'il désignera se « retirent de l'auditoire, et qu'un ou plusieurs « d'entre eux soient introduits et entendus de nou- « veau, soit séparément, soit en présence les uns « des autres.

« Le procureur général aura la même faculté.

« Le président pourra aussi l'ordonner d'office. »

Ces articles ne comportent aucune explication.

« Art. 327. Le président pourra, avant, pendant « ou après l'audition d'un témoin, faire retirer un « ou plusieurs accusés, et les examiner séparément « sur quelques circonstances du procès ; mais il aura « soin de ne reprendre la suite des débats généraux « qu'après avoir instruit chaque accusé de ce qui « se sera fait en son absence, et de ce qui en sera « résulté. »

La disposition de l'article 327 a pour but de déjouer les combinaisons préparées par les accusés dans un intérêt commun.

Mais les accusés doivent, avant la reprise des débats, être mis au courant de ce qui s'est passé en leur absence. La justice ne doit pas agir par surprise.

« Art. 328. Pendant l'examen, les jurés, le procu-« reur général et les juges pourront prendre note « de ce qui leur paraîtra important, soit dans les dé-« positions des témoins, soit dans la défense de l'ac-« cusé, pourvu que la discussion n'en soit pas inter-« rompue. »

« Art. 329. Dans le cours ou à la suite des dépo-« sitions, le président fera représenter à l'accusé « toutes les pièces relatives au délit et pouvant « servir à conviction ; il l'interpellera de répondre « personnellement s'il les reconnaît ; le président « les fera aussi représenter aux témoins, s'il y a « lieu. »

« Art. 330. Si, d'après les débats, la déposition « d'un témoin paraît fausse, le président pourra, sur « la réquisition soit du procureur général, soit de la « partie civile, soit de l'accusé, et même d'office, « faire sur-le-champ mettre le témoin en état d'ar-« restation. Le procureur général, et le président « ou l'un des juges par lui commis, rempliront à son « égard, le premier, les fonctions d'officier de police « judiciaire ; le second, les fonctions attribuées aux « juges d'instruction dans les autres cas.

« Les pièces d'instruction seront ensuite trans-

« mises à la Cour royale, pour y être statué sur la « mise en accusation. »

« Art. 331. Dans le cas de l'article précédent, le « procureur général, la partie civile ou l'accusé, pour- « ront immédiatement requérir, et la Cour ordonner, « même d'office, le renvoi de l'affaire à la prochaine « session. »

Une lecture attentive fait suffisamment ressortir le sens de ces articles.

« Art. 332. Dans le cas où l'accusé, les témoins ou « l'un d'eux, ne parleraient pas la même langue ou « le même idiome, le président nommera d'office, « à peine de nullité, un interprète âgé de vingt-un « ans au moins, et lui fera, sous la même peine, « prêter serment de traduire fidèlement les discours « à transmettre entre ceux qui parlent des langages « différents.

« L'accusé et le procureur général pourront récu- « ser l'interprète, en motivant leur récusation.

« La Cour prononcera.

« L'interprète ne pourra, à peine de nullité, « même du consentement de l'accusé ni du procureur « général, être pris parmi les témoins, les juges et « les jurés. »

« Art. 333. Si l'accusé est sourd-muet et ne sait « pas écrire, le président nommera d'office pour son

« interprète la personne qui aura le plus d'habitude « de converser avec lui.

« Il en sera de même à l'égard du témoin sourd-« muet.

« Le surplus des dispositions du précédent article « sera exécuté.

« Dans le cas où le sourd-muet saurait écrire, le « greffier écrira les questions et observations qui lui « seront faites; elles seront remises à l'accusé ou au « témoin, qui donneront par écrit leurs réponses ou « déclarations. Il sera fait lecture du tout par le « greffier. »

« Art. 334. Le président déterminera celui des « accusés qui devra être soumis le premier aux « débats, en commençant par le principal accusé, « s'il y en a un.

« Il se fera ensuite un débat particulier sur cha-« cun des autres accusés. »

Voici le sens de l'article 334: le président détermine l'ordre dans lequel doivent être interrogés les accusés, et les interroge successivement.

Les témoins sont entendus. Mais, quoique la loi dise qu'il se fera un débat particulier sur chacun des accusés, il ne faut pas croire que les témoins qui ont à faire des déclarations relatives à plusieurs accusés soient appelés plusieurs fois séparément.

Ils disent dans une déposition unique tout ce qu'ils

savent sur chacun des accusés. Ils peuvent néanmoins être rappelés, s'il y a lieu.

« Art. 335. A la suite des dépositions des té-
« moins et des dires respectifs auxquels elles au-
« ront donné lieu, la partie civile ou son conseil et
« le procureur général seront entendus, et dévelop-
« peront les moyens qui appuient l'accusation.

« L'accusé et son conseil pourront leur répondre.

« La réplique sera permise à la partie civile et au
« procureur général; mais l'accusé ou son conseil
« auront toujours la parole les derniers.

« Le président déclarera ensuite que les débats
« sont terminés. »

La loi veut que l'accusé puisse parler toujours le dernier. L'attaque justifie la défense.

« Art. 336. Le président résumera l'affaire.

« Il fera remarquer aux jurés les principales preu-
« ves pour ou contre l'accusé.

« Il leur rappellera les fonctions qu'ils auront à
« remplir.

« Il posera les questions ainsi qu'il sera dit ci-
« après. »

En droit et en fait le président résume les débats.

Mais c'est une question vivement débattue parmi les criminalistes de savoir si ce résumé présente des avantages ou des inconvénients.

Les auteurs qui approuvent cette manière de procéder disent qu'elle a l'avantage de ranimer, à la suite de longs débats, les souvenirs affaiblis des jurés, et de fixer nettement leur attention sur les points capitaux de l'affaire.

Les adversaires lui reprochent, avec raison, d'être contraire au principe que l'accusé doit avoir la parole le dernier, et d'exercer une trop grande influence sur l'esprit des jurés. Car, quel que soit le désir du président de ne jouer que le rôle de rapporteur impartial, il parviendra difficilement à voiler son opinion; or la loi veut que les jurés ne puisent que dans les débats et dans leur conscience les éléments de leur conviction.

Du principe que le président ne doit être qu'un rapporteur, il faut tirer la conséquence qu'il ne peut mentionner aucun fait, aucune circonstance, aucune preuve, ignorés ou passés sous silence dans les débats.

Questions à soumettre au jury.

Cette partie de la procédure devant les Cours d'assises est d'une extrême importance.

Les questions sont l'œuvre du président de la Cour d'assises. Cependant s'il s'élevait des contestations sur les questions à poser, c'est la Cour qui jugerait l'incident.

Notre législation a varié sur le système à suivre pour la position des questions.

Les Codes de 1791 et de l'an IV avaient admis le système des questions simples.

Le législateur de 1808 semblait avoir une préférence pour les questions complexes.

L'article 337 du Code d'instruction criminelle, qui a conservé sa rédaction primitive, se rapporte à ce système des questions complexes.

1re QUESTION. — *Sur le fait principal.*

« Art. 337. La question résultant de l'acte d'ac-
« cusation sera posée en ces termes :

« L'accusé est-il coupable d'avoir commis tel
« meurtre, tel vol ou tel autre crime, *avec toutes les*
« *circonstances comprises dans le résumé de l'acte*
« *d'accusation?* »

Cette question n'a rien de sacramentel dans ses termes. Le président peut la formuler comme il l'entend, il suffit qu'il énonce clairement les faits constitutifs du crime.

L'accusé est-il coupable? Cette question complexe peut être décomposée de la manière suivante :

1° Tel fait, meurtre, vol, etc., est-il constant ?

2° L'accusé en est-il l'auteur?

3° A-t-il agi avec volonté?

4° A-t-il eu l'intention de nuire?

C'est ainsi qu'étaient posées les questions d'après les Codes de 1791 et de l'an IV. Tandis que le Code de 1808 les fait rentrer toutes dans celle-ci : l'accusé est-il coupable? On reprochait aux législateurs de 1791 et de l'an IV d'avoir jeté l'embarras et l'incertitude dans l'esprit des jurés, en multipliant les questions. On disait que tous les jurés ne saisissaient pas les différences qui existent entre les questions, par exemple, entre la question de volonté et celle d'intention. On ne critiquait pas moins vivement le système des questions complexes poussé à l'excès et qui paraît avoir tenté un instant le législateur de 1808 ; le jury comprenait-il toujours la portée de cette expression : *l'accusé est-il coupable?* Se livrait-il à cette opération de l'esprit qui consiste à décomposer cette question pour se demander : 1° tel fait est-il constant? l'accusé en est-il l'auteur, etc.?

Quelques doutes s'étaient élevés sur la portée de l'article 337 ; mais la pratique d'abord et ensuite la loi du 13 mai 1836 ont fixé le sens de cet article. Voici le texte de l'article 1er de la loi de 1836 :

« Le jury votera par bulletins écrits et scrutins distincts successifs, sur le fait principal d'abord, et, s'il y a lieu, sur chacune des circonstances aggravantes, sur chacun des faits d'excuse légale, sur la question de discernement, et enfin sur la question de circonstances atténuantes, que le chef du jury sera tenu de poser toutes les fois que la culpabilité de l'accusé aura été reconnue. »

Nous connaissons le rôle du jury ; nous savons qu'il est juge de la *culpabilité*. On dit souvent qu'il est juge du *fait*, tandis que la Cour applique la loi.

C'est une double erreur. En effet, le jury forme sa conviction comme il peut ; il la puise soit dans l'appréciation des faits, ce qui est ordinaire, soit dans l'appréciation de la loi, et personne n'a le droit de lui demander compte de sa manière d'agir. (Article 342, instruction criminelle.) Réciproquement la Cour, qui est chargée principalement de l'application de la loi, ne reste pas toujours étrangère à l'appréciation des faits. Ainsi, dans l'application d'une peine renfermée dans les limites d'un *maximum* et d'un *minimum*, elle apprécie certainement les faits pour prononcer une condamnation plus ou moins sévère.

2e Question. — *Sur les circonstances aggravantes.*

« Art. 338. S'il résulte des débats une ou plusieurs « circonstances aggravantes non mentionnées dans « l'acte d'accusation, le président ajoutera la ques- « tion suivante :

« L'accusé a-t-il commis le crime avec telle ou « telle circonstance ? »

On distingue dans un délit, en prenant ce mot dans son sens large, des *faits constitutifs* toujours, et souvent des circonstances qui viennent ajouter ou retrancher à sa gravité. De là les *circonstances aggravantes* et les *circonstances atténuantes*. Les faits constitutifs sont ceux sans lesquels il n'y aurait pas délit. Ainsi il n'y a pas de meurtre sans fait d'où est résultée la mort, et sans intention de la donner.

Les circonstances aggravantes sont les faits accessoires qui peuvent accompagner le délit et ajouter à sa gravité, de telle manière qu'une contravention passe dans la catégorie des délits, qu'un délit passe dans celle des crimes, et qu'un crime commis dans telles circonstances soit puni plus sévèrement que s'il se présentait avec les faits constitutifs seuls. (Art. 181 et suiv.)

Les circonstances aggravantes, nous l'avons déjà dit, sont générales ou spéciales.

Les circonstances aggravantes générales sont celles qui exercent leur influence sur tous les faits punissables.

Les circonstances aggravantes spéciales sont celles qui ne produisent leur effet qu'autant qu'elles ont été prévues dans chaque cas particulier par le législateur.

Les circonstances aggravantes de la première espèce sont la récidive et la qualité de fonctionnaire ou d'officier public chez le délinquant. (Articles 56 et 196 du Code pénal.)

Comme exemples des autres, nous citerons le vol avec escalade, fausses clefs, effractions, etc., et les vols qualifiés en général, c'est-à-dire les vols qui présentent, par opposition aux vols simples, des circonstances qui changent leur qualité en les aggravant.

Certaines aggravations résultent d'un seul fait, d'autres de la réunion de plusieurs. (Articles 181 et suivants.)

Les circonstances aggravantes résultent quelquefois de faits qui ne seraient pas punissables, s'ils ne se rattachaient pas à un fait plus grave. Ainsi l'escalade sans intention criminelle n'est pas punie. Plus souvent la circonstance aggravante résulte d'un fait qui serait puni s'il était isolé. Ainsi le vol est un fait punissable par lui-même, mais joint à un fait plus grave, il devient une circonstance aggravante. Aux termes de l'article 304 du Code pénal, le meurtre est puni des travaux forcés à perpétuité; mais s'il est accompagné d'un vol, il est puni de mort ; le législateur ne punit pas séparément le fait principal et le fait accessoire, il reporte l'immoralité du fait accessoire sur le fait principal, et s'en sert pour justifier l'application d'une peine plus forte.

Il n'y a que les circonstances aggravantes prévues par la loi qui puissent faire l'objet de questions posées au jury. Les autres exercent sans doute de l'influence sur l'esprit des jurés et des magistrats, mais elles ne peuvent pas modifier la culpabilité absolue.

L'acte d'accusation est, en principe, la base des questions posées au jury ; néanmoins le président doit également soumettre aux jurés celles qui seraient le résultat des circonstances aggravantes découvertes pendant les débats.

3e Question. — *Sur les excuses.*

« Art. 339. Lorsque l'accusé aura proposé pour « excuse un fait admis comme tel par la loi, le pré- « sident devra, à peine de nullité, poser la question « ainsi qu'il suit :

« Tel fait est-il constant ? »

L'excuse est une circonstance définie par la loi qui efface ou diminue la pénalité.

Nous savons que les excuses diffèrent des circonstances atténuantes, et qu'il ne faut pas confondre les individus non coupables avec les individus excusables. Je renvoie à l'article 65 du Code pénal.

4e Question. — *Sur le discernement.*

« Art. 340. Si l'accusé a moins de seize ans, le « président posera, à peine de nullité, cette ques- « tion :

« L'accusé a-t-il agi avec discernement ?

Nous savons quelles sont les conséquences de la

réponse affirmative ou négative du jury. (Article 66 du Code pénal.)

5° Questions subsidiaires.

Le fait qui servait de base à l'accusation peut avoir changé de caractère, ou bien il peut être envisagé sous deux aspects ; le président peut alors poser une question subsidiaire pour le cas où la première qualification ne serait pas admise par le jury.

Circonstances atténuantes.

« Art. 341. (Ainsi modifié : *Loi du* 9 *juin* 1853).
« En toute matière criminelle, même en cas de réci-« dive, le président, après avoir posé les questions « résultant de l'acte d'accusation et des débats, aver-« tit le jury, à peine de nullité, que s'il pense, à la « majorité, qu'il existe, en faveur d'un ou de plu-« sieurs accusés reconnus coupables, des circonstan-« ces atténuantes, il doit en faire la déclaration en « ces termes : « A la majorité, il y a des circonstan-« ces atténuantes en faveur de l'accusé. »

Nous connaissons les effets des circonstances atténuantes. (Art. 463 du Code pénal.) Nous savons qu'elles ne sont pas l'objet d'une question comme les excuses, du moins d'une question posée au jury par le président. Mais cette question n'existe pas moins, car le président avertit le jury qu'il devra, s'il y a des circonstances atténuantes, en faire la déclaration.

Pourquoi, objectera-t-on, le président ne comprend-il pas cette question parmi les autres qu'il remet au jury? C'est dans l'intérêt de l'accusé. En effet, si la question de circonstances atténuantes était posée, le jury devrait faire connaître sa réponse; mais dans le cas où elle serait négative, cette déclaration pourrait produire sur l'esprit des magistrats chargés d'appliquer la peine une influence très-fâcheuse; le silence du jury, dans ce cas, est préférable pour l'accusé. La déclaration qu'il n'y a pas de circonstances atténuantes aggraverait la position du coupable, puisque les jurés sembleraient ajouter à leur réponse affirmative sur la culpabilité cette opinion : *indigne d'indulgence.*

Délibération du jury.

« Ensuite le président remet les questions écrites « aux jurés, dans la personne du chef du jury; il y « joint l'acte d'accusation, les procès-verbaux qui « constatent les délits, et les pièces du procès autres « que les déclarations écrites des témoins.

« Le président avertit le jury que tout vote doit « avoir lieu au scrutin secret. Il fait retirer l'accusé.»

« Art. 342. Les questions étant posées et remises

« aux jurés, ils se rendront dans leur chambre pour « y délibérer.

« Leur chef sera le premier juré sorti par le sort, « ou celui qui sera désigné par eux et du consen- « tement de ce dernier.

« Avant de commencer une délibération, le chef « des jurés leur fera lecture de l'instruction suivante, « qui sera, en outre, affichée en gros caractères « dans le lieu le plus apparent de leur chambre :

« La loi ne demande pas compte aux jurés des « moyens par lesquels ils se sont convaincus; elle « ne leur prescrit point de règles desquelles ils doi- « vent faire particulièrement dépendre la plénitude « et la suffisance d'une preuve; elle leur prescrit de « s'interroger eux-mêmes dans le silence et le re- « cueillement, et de chercher, dans la sincérité de « leur conscience, quelle impression ont faite sur « leur raison les preuves rapportées contre l'ac- « cusé et les moyens de sa défense. La loi ne leur « dit point: *Vous tiendrez pour vrai tout fait at-* « *testé par tel ou tel nombre de témoins;* elle ne « leur dit pas non plus : *Vous ne regarderez pas* « *comme suffisamment établie toute preuve qui ne* « *sera pas formée de tel procès-verbal, de telles* « *pièces, de tant de témoins ou de tant d'indices;* « elle ne leur fait que cette seule question, qui ren- « ferme toute la mesure de leurs devoirs: *Avez-vous* « *une intime conviction?*

« Ce qu'il est bien essentiel de ne pas perdre de « vue, c'est que toute la délibération du jury porte

« sur l'acte d'accusation; c'est aux faits qui le con-« stituent et qui en dépendent qu'ils doivent uni-« quement s'attacher; et ils manquent à leur premier « devoir lorsque, pensant aux dispositions des lois « pénales, ils considèrent les suites que pourra avoir, « par rapport à l'accusé, la déclaration qu'ils ont à « faire. Leur mission n'a pas pour objet la poursuite « ni la punition des délits; ils ne sont appelés que « pour décider si l'accusé est, ou non, coupable du « crime qu'on lui impute. »

« Art. 343. Les jurés ne pourront sortir de leur « chambre qu'après avoir formé leur déclaration.

« L'entrée n'en pourra être permise pendant leur « délibération, pour quelque cause qne ce soit, que « par le président et par écrit.

« Le président est tenu de donner au chef de la « gendarmerie de service l'ordre spécial et par écrit « de faire garder les issues de leur chambre : ce « chef sera dénommé et qualifié dans l'ordre.

« La Cour pourra punir le juré contrevenant d'une « amende de cinq cents francs au plus. Tout autre « qui aura enfreint l'ordre, ou celui qui ne l'aura « pas fait exécuter, pourra être puni d'un empri-« sonnement de vingt-quatre heures. »

C'est une question de savoir si le président a le droit lui-même de pénétrer dans la chambre des jurés. On fait une distinction : Oui, dit-on, s'il est appelé par les jurés ayant besoin de renseignements; non, si le jury ne le demande pas. C'est une distinction que rien ne justifie, et je crois que la loi serait mieux observée si l'on ne faisait à l'article 341 aucune exception.

« Art. 344. Les jurés délibéreront sur le fait prin-
« cipal, et ensuite sur chacune des circonstances. »

« Art. 345. (Ainsi rectifié : *Loi du* 9 *septembre*
« 1855.) Le chef du jury lira successivement chacune
« des questions posées comme il est dit en l'art. 336,
« et le vote aura lieu ensuite au scrutin secret, tant
« sur le fait principal et les circonstances aggravan-
« tes que sur l'existence des circonstances atté-
« nuantes.

« Art. 346. (Ainsi rectifié : *Loi du* 9 *septembre*
« 1855.) Il sera procédé de même, et au scrutin se-
« cret, sur les questions qui seraient posées dans les
« cas prévus par les articles 339 et 340. »

La loi du 13 mai 1836 a organisé le vote au scrutin secret. Aux termes de cette loi, le jury vote par bulletins écrits; à cet effet, chacun des jurés, appelé par le chef du jury, reçoit un bulletin ouvert, marqué du timbre de la Cour d'assises et portant ces mots : *Sur mon honneur et ma conscience, ma déclaration est...* Il écrit à la suite le mot *oui* ou le mot *non*, il remet le bulletin écrit et fermé au chef du jury, qui le dépose dans une boîte destinée à cet usage.

Mais si le vote est secret, la discussion avant le vote est de droit, de sorte que le secret disparaît devant les débats qui peuvent s'élever entre les jurés.

Le chef du jury dépouille chaque scrutin en présence des jurés, qui peuvent vérifier les bulletins.

Les bulletins blancs sont considérés comme favorables à l'accusé; il en est de même de ceux qui sont déclarés illisibles par six jurés au moins.

Après le dépouillement, les bulletins sont brûlés.

Le texte de la loi du 13 mai 1836, que je viens d'analyser, doit être affiché dans la chambre du jury.

« Art. 347. (Ainsi modifié : *Loi du* 9 *juin* 1853.)
« La décision du jury, tant contre l'accusé que sur « les circonstances atténuantes, se forme à la majo- « rité. La déclaration du jury constate cette majo- « rité, sans que le nombre des voix puisse y être « exprimé; le tout à peine de nullité. »

Ainsi la moitié des voix suffit pour les décisions favorables, à moins qu'il ne s'agisse des circonstances atténuantes, qui ne peuvent être déclarées qu'à la majorité.

Quant aux décisions défavorables, il faut la majorité absolue.

« Art. 348. Les jurés rentreront ensuite dans l'au-
« ditoire et reprendront leur place.

« Le président leur demandera quel est le résultat
« de leur délibération.

« Le chef du jury se lèvera, et, la main placée
« sur son cœur, il dira : « Sur mon honneur et ma
« conscience, devant Dieu et devant les hommes, la
« déclaration du jury est: Oui, l'accusé, etc. Non,
« l'accusé, etc. »

« Art. 349. La déclaration du jury sera signée par
« le chef et remise par lui au président, le tout en
« présence des jurés.

« Le président la signera et la fera signer par le
« greffier. »

Dans la pratique, et le fait s'est présenté plus d'une fois, lorsque le jury omet une formalité, ou lorsque les réponses sont ambiguës ou obscures, un arrêt est rendu, par lequel la Cour ordonne au jury de se retirer de nouveau et de régulariser ses réponses, que le chef du jury proclame une seconde fois.

On évite de la sorte la cassation des arrêts.

« Art. 350. La décision du jury ne pourra jamais
« être soumise à aucun recours. »

Il n'y a pas *d'appel* contre la décision du jury, sauf ce qui est dit dans l'article 352, mais nous verrons que le pourvoi en cassation ou en révision est permis.

« Art. 352. (Ainsi modifié : *Loi du* 9 *juin* 1853.)
« Dans le cas *où l'accusé est reconnu coupable*, et si « la Cour est convaincue que les jurés, tout en ob- « servant les formes, se sont trompés au fond, elle « déclare qu'il est sursis au jugement et renvoie l'af- « faire à la cession suivante, pour y être soumise à « un nouveau jury, dont ne peut faire partie aucun « des jurés qui ont pris part à la déclaration annu- « lée.

« Nul n'a le droit de provoquer cette mesure. La « Cour ne peut l'ordonner que d'office, immédiate- « ment après que la déclaration du jury a été pro- « noncée publiquement.

« Après la déclaration du second jury, la Cour ne « peut ordonner un nouveau renvoi, même quand « cette déclaration serait conforme à la première. »

Si l'accusé est acquitté, il n'y a pas à revenir sur la décision, le bénéfice en est irrévocablement acquis.

CHAPITRE VI

DU JUGEMENT

Nous prenons ici le mot *jugement* dans son sens large; le terme technique est *arrêt.*

Après sa délibération, le jury rentre dans la salle d'audience et rend son verdict, par l'organe de son président, hors la présence de l'accusé; cette déclaration, signée par le chef du jury, est remise au président. L'accusé est ensuite introduit, et le greffier lui en donne lecture.

« Art. 357. Le président fera comparaître l'accusé, « et le greffier lira en sa présence la déclaration du « jury. »

« Art. 358. Lorsque l'accusé aura été déclaré non

« coupable, le président prononcera qu'il est *acquitté* « de l'accusation, et ordonnera qu'il soit mis en li- « berté, s'il n'est retenu pour autre cause.

« La cour statuera ensuite sur les dommages- « intérêts respectivement prétendus, après que les « parties auront proposé leurs fins de non-recevoir ou « leurs défenses, et que le procureur général aura « été entendu.

« La Cour pourra néanmoins, si elle le juge con- « venable, commettre l'un des juges pour entendre « les parties, prendre connaissance des pièces, et « faire son rapport à l'audience, où les parties pour- « ront encore présenter leurs observations, et où le « ministère public sera entendu de nouveau.

« L'accusé acquitté pourra aussi obtenir des dom- « mages-intérêts contre ses dénonciateurs pour fait « de calomnie, sans néanmoins que les membres des « autorités constituées puissent être ainsi poursuivis « en raison des avis qu'ils sont tenus de donner con- « cernant les délits dont ils ont cru acquérir la con- « naissance dans l'exercice de leurs fonctions, et sauf « contre eux la demande en prise à partie, s'il y a « lieu.

« Le procureur général sera tenu, sur la réquisi- « tion de l'accusé, de lui faire connaître ses dénon- « ciateurs. »

L'acquittement est prononcé par ordonnance du président de la Cour. C'est la conséquence du verdict du jury.

L'absolution, au contraire, est prononcée par arrêt de la Cour.

Dans le premier cas, il n'y a pas culpabilité ; dans le second cas, le jury répond *coupable*, mais il y a décharge ou mitigation de peine.

« Art. 359. Les demandes en dommages-intérêts, « formées soit par l'accusé contre ses dénonciateurs « ou la partie civile, soit par la partie civile contre « l'accusé ou le condamné, seront portées à la cour « d'assises.

« La partie civile est tenue de former sa demande « en dommages-intérêts avant le jugement ; plus tard, « elle sera non recevable.

« Il en est de même de l'accusé, s'il a connu son « dénonciateur.

« Dans le cas où l'accusé n'aurait connu son dé- « nonciateur que depuis le jugement, mais avant la « fin de la session, il sera tenu, sous peine de dé- « chéance, de porter sa demande à la Cour d'as- « sises ; s'il ne l'a connu qu'après la clôture de la « session, sa demande sera portée au tribunal civil.

« A l'égard des tiers qui n'auraient pas été partie « au procès, ils s'adresseront au tribunal civil. »

« Art. 360. Toute personne acquittée légalement « ne pourra plus être reprise ni accusée à raison du « même fait. »

S'ils pouvaient être poursuivis de nouveau, les acquittés innocents eux-mêmes s'empresseraient quelquefois de quitter leur pays pour échapper à une nouvelle erreur peut-être plus funeste que celle qui avait motivé les premières poursuites.

« Art. 361. Lorsque, dans le cours des débats, « l'accusé aura été inculpé sur un autre fait, soit « par des pièces, soit par les dépositions des té- « moins, le président, après avoir prononcé qu'il est « acquitté de l'accusation, ordonnera qu'il soit pour- « suivi à raison du nouveau fait ; en conséquence, « il le renverra en état de mandat de comparu- « tion ou d'amener, suivant les distinctions établies « par l'article 91, et même en état de mandat d'ar- « rêt, s'il y échet, devant le juge d'instruction de « l'arrondissement où siége la Cour, pour être pro- « cédé à une nouvelle instruction.

« Cette disposition ne sera toutefois exécutée que « dans le cas où, avant la clôture des débats, le mi- « nistère public aura fait des réserves à fin de pour- « suite. »

« Art. 362. Lorsque l'accusé aura été déclaré cou- « pable, le procureur général fera sa réquisition à « la Cour pour l'application de la loi.

« La partie civile fera la sienne pour restitution et « dommages-intérêts. »

« Art. 363. Le président demandera à l'accusé s'il « n'a rien à dire pour sa défense.

« L'accusé ni son conseil ne pourront plus plaider « que le fait est faux, mais seulement qu'il n'est pas « défendu ou qualifié délit par la loi, ou qu'il ne « mérite pas la peine dont le procureur général a « requis l'application, ou qu'il n'emporte pas de dom- « mages-intérêts au profit de la partie civile, ou enfin « que celle-ci élève trop haut les dommages-intérêts « qui lui sont dus. »

« Art. 364. La Cour prononcera l'absolution de « l'accusé si le fait dont il est déclaré coupable n'est « pas défendu par une loi pénale. »

Du Cumul ou Concours de délits.

« Art. 365. Si ce fait est défendu, la Cour pro- « noncera la peine établie par la loi, même dans le « cas où, d'après les débats, il se trouverait n'être « plus de la compétence de la Cour d'assises.

« En cas de conviction de plusieurs crimes ou dé- « lits, la peine la plus forte sera seule prononcée. »

Lorsqu'un individu a commis plusieurs crimes, il importe de savoir si la justice les a punis successivement ou s'ils sont à punir.

Dans le premier cas, il y a eu autant de peines que de méfaits.

Dans le second cas, au contraire, le concours des délits emporte l'absorption des peines; la plus grave absorbe les autres.

La plus forte, dit l'article 365, *sera seule prononcée*. L'application de cette règle présente plus d'une difficulté.

On s'est demandé si la disposition de l'article 365 était applicable aux contraventions de police. La loi n'a prononcé que les mots *crimes* et *délits*, d'où l'on peut conclure que les contraventions ne jouissent pas de la règle d'absorption.

Cela se conçoit, à cause de la légèreté des peines qui frappent les contraventions.

Les faits ignorés au moment des poursuites, et qui seraient découverts plus tard, seraient-ils absorbés, si d'ailleurs ils ne devaient pas avoir pour conséquence une peine plus grave que ceux qui ont été jugés? On peut répondre affirmativement. On ne peut pas imputer à l'accusé de ne pas s'être dénoncé lui-même. On pourrait objecter, cependant, que la peine aurait été peut-être plus forte dans sa durée, sinon dans sa nature, si tous les faits avaient été connus. Mais la loi n'a pas fait de distinction.

Si les faits à l'occasion desquels il n'y a pas eu de poursuites devaient entraîner une peine plus forte, des poursuites seraient légalement exercées, et la peine déjà prononcée serait absorbée par la nouvelle condamnation.

Il y a des exceptions à la règle contenue dans le

second paragraphe de l'article 365 du Code d'instruction criminelle; nous donnerons comme exemple l'article 245 du Code pénal (1).

La question du cumul ou du concours des délits a divisé les auteurs anciens et modernes.

La loi romaine s'était prononcée contre le cumul des peines en cas de cumul de délits, et elle avait exercé sur nos anciens criminalistes une trop grande influence. Ils n'avaient pas été frappés par cette idée, que le délit, en droit romain, ayant pour conséquence une condamnation pécuniaire, l'équité voulait que chaque dommage entraînât une réparation particulière. Mais il devait en être autrement dans une législation qui considère les délits principalement au point de vue de la pénalité proprement dite. Cependant la règle « *major pœna minorem absorbet* » fut suivie dans quelques cas d'abord, et les lois de la Révolution la firent prévaloir.

« Art. 366. Dans le cas d'absolution comme dans

---

(1) « Art. 245. A l'égard des détenus qui seront évadés ou qui auront « tenté de s'évader par le bris de prison ou par violence, ils seront, « pour ce seul fait, punis de six mois à un an d'emprisonnement, et « subiront cette peine immédiatement après l'expiration de celle « qu'ils auront encourue pour crime ou délit à raison duquel ils « étaient détenus, ou immédiatement après l'arrêt ou jugement qui « les aura acquittés ou renvoyés absous dudit crime ou délit; le tout « sans préjudice de plus fortes peines qu'ils auraient pu encourir pour « d'autres crimes qu'ils auraient commis dans leurs violences. »

« celui d'acquittement ou de condamnation, la Cour « statuera sur les dommages-intérêts prétendus par « la partie civile ou par l'accusé ; elle les liquidera « par le même arrêt, ou commettra l'un des juges « pour entendre les parties, prendre connaissance des « pièces, et faire du tout son rapport, ainsi qu'il est « dit article 358.

« La Cour ordonnera aussi que les effets pris se- « ront restitués au propriétaire.

« Néanmoins, s'il y a eu condamnation, cette res- « titution ne sera faite qu'en justifiant, par le pro- « priétaire, que le condamné a laissé passer les dé- « lais sans se pourvoir en cassation, ou, s'il s'est « pourvu, que l'affaire est définitivement terminée. »

Nous savons que l'action en dommages-intérêts peut être portée devant les tribunaux civils ou devant les tribunaux criminels.

Nous avons dit plus haut que le criminel tenait, en général, le civil en état, c'est-à-dire que les tribunaux devaient statuer d'abord sur la question criminelle.

Des dommages-intérêts peuvent être accordés, même en cas d'acquittement, parce que l'acquittement ne suppose pas toujours que le fait n'existe pas ou que l'accusé n'en est pas l'auteur. En effet, l'auteur d'un homicide est acquitté, si le jury croit que le fait, par exemple, est le résultat d'une imprudence et non d'une intention coupable, et cependant il peut être condamné à des dommages-intérêts.

Réciproquement, un individu peut être frappé d'une condamnation pénale et cependant gagner son procès en ce qui concerne les dommages-intérêts. C'est ce qui arrive lorsque le fait qui tombe sous le coup de la loi pénale n'a pas causé le préjudice allégué par la partie civile. Ainsi, dans le cas du crime manqué, il y a un fait punissable et le dommage peut être nul. (Art. 2, Code pénal.)

« Art. 367. Lorsque l'accusé aura été déclaré excu-
« sable la Cour prononcera conformément au Code
« pénal. »

C'est-à-dire que la Cour absoudra l'accusé ou mitigera la peine.

« Art. 368. L'accusé ou la partie civile qui suc-
« combera sera condamné aux frais envers l'Etat
« et envers l'autre partie.
« Dans les affaires soumises au jury, la partie ci-
« vile qui n'aura pas succombé ne sera jamais tenue
« des frais.
« Dans le cas où elle en aura consigné, en exé-
« cution du décret du 18 juin 1811, ils lui seront
« restitués. »

D'après le décret du 18 juin 1811, la partie civile devait, dans tous les cas, être condamnée aux dépens, sauf son recours contre le condamné, dans le cas où elle gagnait son procès.

La règle de l'article 368 a été introduite par la loi de révision de 1832.

« Art. 369. Les juges délibéreront et opineront à « voix basse ; ils pourront, pour cet effet, se retirer « dans la chambre du conseil; mais l'arrêt sera pro« noncé à haute voix par le président en présence du « public et de l'accusé.

« Avant de le prononcer, le président est tenu de « lire le texte de la loi sur laquelle il est fondé.

« Le greffier écrira l'arrêt ; il y insérera le texte « de la loi appliquée, sous peine de cent francs d'a« mende. »

« Art. 370. La minute de l'arrêt sera signée par « les juges qui l'auront rendu, à peine de cent francs « d'amende contre le greffier, et, s'il y a lieu, de « prise à partie tant contre le greffier que contre « les juges.

« Elle sera signée dans les vingt-quatre heures de « la prononciation de l'arrêt. »

« Art. 371. Après avoir prononcé l'arrêt, le prési« dent pourra, selon les circonstances, exhorter l'ac« cusé à la fermeté, à la résignation ou à réformer « sa conduite.

« Il l'avertira de la faculté qui lui est accordée de « se pourvoir en cassation, et du terme dans lequel « l'exercice de cette faculté est circonscrit. »

« Art. 372. Le greffier dressera un procès-verbal « de la séance, à l'effet de constater que les forma- « lités prescrites ont été observées.

« Il ne sera fait mention au procès-verbal ni « des réponses des accusés, ni du contenu aux dé- « positions, sans préjudice toutefois de l'exécution « de l'article 318 concernant les changements, va- « riations et contradictions dans les déclarations des « témoins.

« Le procès-verbal sera signé par le président et « le greffier, et ne pourra être imprimé à l'avance.

« Les dispositions du présent article seront exécu- « tées à peine de nullité.

« Le défaut de procès-verbal et l'inexécution des « dispositions du troisième paragraphe qui précède « seront punis de cinq cents francs d'amende contre « le greffier. »

La défense d'imprimer à l'avance a pour but d'a- broger un ancien usage qui consistait à avoir des for- mulaires imprimés, que le greffier se contentait de remplir.

CHAPITRE VII

VOIES DE RECOURS

CONTRE LES DÉCISIONS CRIMINELLES EN GÉNÉRAL

Comme les décisions en matière civile, les décisions pénales peuvent être attaquées par les voies *ordinaires* et les voies *extraordinaires*.

Les voies ordinaires sont l'opposition, l'appel et l'application des règles relatives aux arrêts par contumace; les voies extraordinaires sont la cassation et la révision.

1° *Opposition.*

L'opposition est une voie de *rétractation*. Elle s'adresse au tribunal même qui a rendu la décision. On l'emploie contre les jugements de simple police et contre les jugements de police correctionnelle. Elle est reçue, dans le premier cas, dans les trois jours, dans le second cas dans les cinq jours, à partir de la signification du jugement.

Elle est suspensive de l'exécution.

Elle n'est pas admise contre les décisions rendues pendant l'instruction de l'affaire, par la raison que cette procédure ne doit pas être contradictoire. (Articles 150, 151, 187, 188 du Code d'instruction criminelle.)

« Art. 186. Si le prévenu ne comparaît pas, il sera jugé par défaut. »

Nous avons déjà dit que le jugement était rendu par défaut, non-seulement contre les prévenus qui ne se présentent pas, mais encore contre ceux qui, présents à l'audience, refusent de se défendre.

Le prévenu faisant défaut n'est pas nécessairement condamné; il est *jugé par défaut*, et le jugement peut lui être favorable comme il peut lui être défavorable. En fait, il sera presque toujours condamné, car son absence ou son refus de se défendre fait présumer sa culpabilité.

« Art. 187. La condamnation par défaut sera « comme non avenue si, dans les cinq jours de la si-« gnification qui en aura été faite au prévenu ou à son

« domicile, outre un jour par cinq myriamètres, « celui-ci forme opposition à l'exécution du jugement, « et notifie son opposition tant au ministère public « qu'à la partie civile. — Néanmoins les frais de « l'expédition, de la signification du jugement par dé- « faut et de l'opposition demeureront à la charge « du prévenu. »

« Art. 188. L'opposition emportera de droit cita- « tion à la première audience ; elle sera non avenue « si l'opposant n'y comparaît pas, et le jugement « que le tribunal aura rendu sur l'opposition ne « pourra être attaqué par la partie qui l'aura formé, « si ce n'est par appel, ainsi qu'il sera dit ci-après : « — Le tribunal pourra, s'il y échet, accorder une « provision ; et cette disposition sera exécutoire no- « nobstant l'appel. »

L'opposition ne peut, devant la même juridiction, être formée qu'une fois; on ne peut pas, après avoir formé opposition, faire défaut une seconde fois et renouveler l'opposition. S'il en était autrement, il n'y aurait pas de raison pour en voir la fin.

Le délai d'opposition est de cinq jours, et la loi n'a pas transporté dans cette matière la règle de l'article 1033 du Code de procédure civile qui veut que *dies a quo* et *dies ad quem* ne soient point compris; en d'autres termes, les cinq jours ne sont pas *francs*.

Quel est le sens de cette disposition de l'article 188 : *Le tribunal pourra, s'il y échet, accorder une provision, et cette disposition sera exécutoire nonobstant l'appel?* La loi suppose le cas où les poursuites sont exercées par la partie civile. Le tribunal peut rendre un *jugement provisoire*, s'il le juge nécessaire, contre le prévenu qui fait défaut pour gagner du temps, prolonger les poursuites et augmenter les frais, en vue peut-être d'échapper à la condamnation par suite de l'impossibilité dans laquelle pourra se trouver la partie lésée, si elle est pauvre, d'avancer les sommes nécessaires pour conduire le procès jusqu'à son dénoûment. Le prévenu pourrait, en effet, se laisser condamner par défaut, former opposition, appeler ensuite, faire encore défaut et former opposition à l'arrêt de la Cour d'appel. Les témoins cités pour l'audience où le tribunal juge par défaut doivent être cités de nouveau pour l'audience où il statue définitivement, mais la partie poursuivante doit avancer les frais, et peut-être n'en a-t-elle pas le moyen. C'est pourquoi le législateur a permis au tribunal de police correctionnelle d'accorder, suivant les circonstances, une *provision* qui est exécutoire nonobstant l'appel. Il est de principe que l'appel est suspensif; mais il devait en être autrement ici sous peine de laisser au prévenu le moyen de faire perdre indirectement à la partie civile l'avantage du jugement provisoire.

On a beaucoup critiqué les dispositions des articles 184 et 187 qui fixent les délais de la citation et de l'opposition. On reproche au législateur d'avoir accordé des délais insuffisants lorsqu'il s'agit de l'honneur du prévenu, tandis qu'il accorde des délais beaucoup plus longs, en procédure civile, c'est-à-dire lorsqu'il s'agit seulement des biens du défendeur. Cette critique est fondée ; en conséquence, les procureurs impériaux devront indirectement augmenter les délais en retardant la signification (car c'est de l'accomplissement de cette formalité que commence à courir le délai d'opposition) surtout quand ils sauront que le défaut du prévenu est le résultat d'un voyage, d'une maladie ou de tout autre empêchement légitime.

Sans doute il reste au condamné par défaut la ressource de l'appel, mais le délai d'appel est lui-même si restreint, que cette ressource est insuffisante.

L'opposition n'a pas lieu dans le cas de contumace en matière criminelle. La condamnation par contumace tombe de plein droit dès que le condamné est pris ou se présente volontairement jusqu'à la prescription de la peine. Cet effet est produit malgré le condamné lui-même, qui n'aurait pas le droit d'acquiescer à l'arrêt par contumace.

2° *Appel.*

C'est une voie de réformation. On s'adresse du juge inférieur au juge supérieur.

Il est employé :

1° Contre les ordonnances du juge d'instruction; il est faussement qualifié d'*opposition* par la loi du 18 juin 1856.

2° Contre les jugements de simple police, mais seulement lorsqu'il y a condamnation à un emprisonnement ou à une somme de plus de cinq francs, amendes, restitutions et dommages-intérêts compris, mais non les frais. Le délai est de dix jours.

3° Contre les jugements de police correctionnelle.

La loi du 13 juin 1856 a introduit des modifications profondes dans cette matière.

« Art. 201. L'appel sera porté à la Cour impériale. »

Aujourd'hui, toutes ces distinctions des anciens articles 200 et 201 ont disparu (1); aux termes de la

---

(1) Ces articles étaient ainsi conçus :

« Art. 200. Les appels des jugements rendus en police correction-« nelle seront portés des tribunaux d'arrondissement au tribunal du « chef-lieu du département. — Les appels des jugements rendus en « police correctionnelle au chef-lieu du département seront portés au « tribunal du chef-lieu du département voisin, quand il sera dans le « ressort de la même cour impériale, sans néanmoins que les tribunaux « puissent, dans aucun cas, être respectivement juges d'appel de leurs loi du 13 juin 1856, l'appel sera porté à la Cour impériale.

A l'époque où le Code d'instruction criminelle a été fait, les déplacements étaient difficiles ; mais aujourd'hui que les distances sont considérablement diminuées par la vapeur, il n'y avait plus de motifs pour laisser subsister plus longtemps une règle contraire à la hiérarchie judiciaire.

La Cour prononce au nombre de cinq juges au moins, tandis qu'en première instance il suffit qu'il y en ait trois. (20 avril, 6 juillet 1810.)

En matière civile, au contraire, la Cour ne peut prendre ses décisions qu'au nombre de sept juges.

« Art. 202. La faculté d'appeler appartiendra :

« 1° Aux parties prévenues ou responsables ;

« 2° A la partie civile, quant à ses intérêts civils « seulement ;

« 3° A l'administration forestière ;

« jugements. — Il sera formé un tableau des tribunaux de chef-lieu « auxquels les appels seront portés. »

« Art. 201. Dans le département où siége la cour impériale, les « appels des jugements rendus en police correctionnelle seront portés « à ladite cour. — Seront également portés à ladite cour les appels « des jugements rendus en police correctionnelle dans le chef-lieu « d'un département voisin, lorsque la distance de cette cour ne sera « pas plus forte que celle du chef-lieu d'un autre département. »

« 4° Au procureur impérial près le tribunal de « première instance.

« 5° Au procureur général près la Cour impériale.»

L'ancien art. 202, conformément au système d'appel en vigueur avant la loi de 1856, donnait le droit d'appeler au procureur impérial du tribunal devant lequel l'appel était porté.

Le ministère public peut appeler, soit en vue de faire élever la condamnation, soit en vue de la faire réduire. Dans le premier cas, on dit qu'il appelle *a minima pœna ad majorem*, et par abréviation : *a minima*. Dans le second cas, on dit qu'il appelle *ad mitiorem*. Il peut même appeler pour faire acquitter le prévenu.

L'appel peut être interjeté par le prévenu seul, par le ministère public seul, par le ministère public et le prévenu à la fois, ou par la partie civile.

On se demande si l'appel interjeté par le prévenu seul est *dévolutif*, en d'autres termes si tout est remis en question et si la cour a la faculté d'aggraver la peine aussi bien que de la réduire.

Les auteurs, comme la pratique, se prononcent pour la négative. Les juges ne statuent, en général, que sur ce qui leur est soumis; or le prévenu ne peut pas avoir eu l'intention d'interroger les juges sur d'autres points que celui de savoir si les juges de première instance n'ont pas été trop sévères.

Mais il en serait autrement si l'appel était interjeté par le ministère public et le prévenu. Cet appel serait dévolutif, chaque appelant ayant soumis à la Cour un des deux côtés de la question jugée en première instance.

Le silence du ministère public et du prévenu ne prive pas la partie civile du droit d'appel. Mais la nouvelle décision ne peut avoir pour objet que la question pécuniaire et non la question pénale, qui reste dans l'état où l'a mise la sentence des premiers juges.

« Art. 203. Il y aura, sauf l'exception portée en « l'art. 205 ci-après, déchéance de l'appel, si la dé- « claration d'appeler n'a pas été faite au greffe du « tribunal qui a rendu le jugement, dix jours au plus « tard après celui où il a été prononcé, et, si le ju- « gement est rendu par défaut, dix jours au plus « tard après celui de la signification qui en aura été « faite à la partie condamnée ou à son domicile, ou- « tre un jour par trois myriamètres.

« Pendant ce délai et pendant l'instance d'appel, il « sera sursis à l'exécution du jugement. »

Le délai d'appel est de dix jours à partir du *jugement*, s'il est contradictoire, et à partir de la signification à la partie, ou à son domicile, s'il est par défaut. Cette différence dans le point de départ du délai vient de ce que le condamné contradictoirement ne peut pas ignorer, comme le condamné par défaut, le jugement rendu contre lui.

Ces délais sont augmentés du délai ordinaire des distances, qui est d'un jour par trois myriamètres.

Le délai d'appel pour le ministère public est de dix jours à partir du jugement, car tous les jugements sont à son égard rendus contradictoirement.

Ce que nous avons dit du prévenu, quant aux délais d'appel, doit s'appliquer à la partie civile. En conséquence, celle-ci devra former son appel dans les dix jours à partir du jugement contradictoire ou de la signification qui lui en aura été faite par le prévenu, s'il s'agit d'un jugement par défaut.

Il n'y a pas de délai particulier pour l'appel incident comme en procédure civile. Cet appel doit être interjeté dans le délai de dix jours fixé pour l'appel principal.

L'appel est suspensif, c'est-à-dire que l'exécution du jugement ne peut avoir lieu *pendant ce délai* et *pendant l'instance d'appel.*

Cette règle s'applique aux condamnations civiles comme aux condamnations pénales; l'art. 203 ne distingue pas.

En matière de procédure civile, au contraire, l'appel est seul suspensif, mais non le délai dans lequel il peut être interjeté.

En matière pénale, par cela seul que le prévenu se trouve dans le délai d'appel, le jugement de première instance ne peut pas être exécuté.

En procédure civile un seul délai est suspensif, c'est celui de huitaine à partir du jugement, d'après l'article 450 du Code de procédure civile.

Le Code pénal s'est montré plus favorable au prévenu que le Code de procédure civile au débiteur. Cette différence est facile à justifier. En matière pénale, il s'agit de l'honneur du prévenu; en matière civile, il ne s'agit que d'une question pécuniaire.

Une autre observation à faire, c'est que le condamné jouit de ses dix jours nonobstant toute renonciation ou acquiescement. Il ne peut pas valablement renoncer.

« Art. 204. (Ainsi modifié: *Loi du* 13 *juin* 1856.) La
« requête contenant les moyens d'appel pourra être
« remise dans le même délai au greffe; elle sera si-
« gnée de l'appelant ou d'un avoué, ou de tout autre
« fondé de pouvoir spécial. Dans ce dernier cas, le
« pouvoir sera annexé à la requête.

« Cette requête pourra aussi être remise directe-
« ment au greffe de la Cour impériale. »

Suivant le dernier paragraphe de l'ancien article 204, la requête pouvait être remise directement au greffe du *tribunal où l'appel était porté*. C'était conforme à l'ancien système d'appel.

Cette requête est facultative, la loi ne l'exige pas à peine de nullité. Il ne faut pas la confondre avec la déclaration d'appel faite au greffe du tribunal qui a rendu le jugement. Elle n'est pas un acte d'appel, un moyen de se pourvoir contre le jugement; c'est par la déclaration au greffe qu'on appelle; la requête a pour but seulement d'éclairer la Cour et de servir de renseignement au magistrat chargé de lui faire le rapport dont il est question dans l'article 209 que nous verrons bientôt.

« Art. 205. Le procureur général près la Cour « impériale devra notifier son recours, soit au pré- « venu, soit à la personne civilement responsable du « délit, dans les deux mois à compter du jour de la « prononciation du jugement, ou, si le jugement lui « a été légalement notifié par l'une des parties, dans « le mois du jour de cette notification : sinon, il « sera déchu. »

Ce délai est-il suspensif?

Quant à la partie civile, on décide qu'elle peut faire exécuter le jugement en ce qui la concerne, car il ne s'agit que d'un intérêt pécuniaire.

Quant à la condamnation pénale, on dit que l'article 203, § 2, ne suspend l'exécution que pendant un délai de dix jours.

Dans l'opinion contraire, on dit que le § 2 de l'article 203 n'est pas restrictif; que s'il ne parle que du délai de dix jours, c'est que celui de l'article

205 n'était pas encore fixé. Dans cette opinion, le délai d'appel accordé au ministère public de la Cour est donc suspensif.

« Art. 206 (modifié par la loi du 14 juillet 1865). « En cas d'acquittement, le prévenu sera, immé-« diatement et nonobstant appel, mis en liberté. »

Le délai d'appel devait-il être suspensif en cas d'*acquittement?* Le législateur ne voulut pas admettre le principe de l'article 203 ; d'un autre côté, il ne voulut pas que le prévenu emprisonné fût mis sur-le-champ en liberté. Il trouva bon de transiger et de fixer le délai de trois jours, à l'expiration desquels le prévenu serait mis en liberté si le ministère public n'avait pas interjeté appel (loi du 28 avril 1832). La loi de 1810 ne permettait pas que le prévenu fût mis en liberté avant l'expiration de dix jours. Mais la loi du 14 juillet 1865 a été plus favorable au prévenu que les lois antérieures.

« Art. 207. La requête, si elle a été remise au « greffe du tribunal de première instance, et les « pièces seront renvoyées par le procureur impérial « au greffe de la Cour dans les vingt-quatre heures « après la déclaration ou la remise de la notification « d'appel.

« Si celui contre lequel le jugement a été rendu « est en état d'arrestation, il sera, dans le même

« délai, et par ordre du procureur impérial, transféré dans la maison d'arrêt du lieu où siége la Cour impériale. »

« Art. 208. Les arrêts rendus par défaut sur l'appel pourront être attaqués par la voie de l'opposition dans la même forme et dans les mêmes délais que les jugements par défaut rendus par les tribunaux correctionnels. — L'opposition emportera de droit citation à la première audience, et sera comme non avenue, si l'opposant n'y comparaît pas. Le jugement qui interviendra sur l'opposition ne pourra être attaqué par la partie qui l'aura formée, si ce n'est devant la Cour de Cassation. »

Ces deux articles ne comportent aucune explication.

« Art. 209. L'appel sera jugé à l'audience, dans le mois, sur le rapport d'un conseiller. »

« Art. 210. A la suite du rapport, et avant que le rapporteur et les conseillers émettent leur opinion, le prévenu, soit qu'il ait été acquitté, soit qu'il ait été condamné, les personnes civilement responsables du délit, la partie civile et le procureur impérial seront entendus dans la forme et dans l'ordre prescrits dans l'article 190. »

« Art. 211. Les dispositions des articles précédents

« sur la solennité de l'instruction, la nature des preuves, « la forme, l'authenticité et la signature du jugement « définitif de première instance, la condamnation « aux frais, ainsi que les peines que ces articles pro- « noncent, seront communes aux arrêts rendus sur « l'appel. »

« Art. 212. Si le jugement est réformé parce que « le fait n'est réputé délit ni contravention de police « par aucune loi, la cour renverra le prévenu, et « statuera, s'il y a lieu, sur ses dommages-inté- « rêts. »

« Art. 213. Si le jugement est annulé parce que le « fait ne présente qu'une contravention de police, et si « la partie publique et la partie civile n'ont pas de- « mandé le renvoi, la cour ou le tribunal pronon- « cera la peine et statuera également, s'il y a lieu, « sur les dommages-intérêts. »

« Art. 214. Si le jugement est annulé parce que « le délit est de nature à mériter une peine afflictive « ou infamante, la cour décernera, s'il y a lieu, le « mandat de dépôt, ou même le mandat d'arrêt, et « renverra le prévenu devant le fonctionnaire public « compétent, autre toutefois que celui qui aura rendu « le jugement ou fait l'instruction. »

Nous connaissons déjà les règles posées dans ces articles.

« Art. 215. Si le jugement est annulé pour vio-
« lation ou omission non réparée de formes prescrites
« par la loi à peine de nullité, la cour statuera sur
« le fond. »

Il semblerait que l'affaire dût être renvoyée devant le tribunal de première instance. Il n'en est rien cependant, la Cour statue comme si ce tribunal avait régulièrement jugé.

La Cour saisie d'une question de compétence doit également statuer sur le fond, de sorte qu'il n'y aura pas de jugement de première instance. Cette évocation de l'affaire est conforme à ce principe fondamental en matière de police correctionnelle, que les affaires doivent être instruites et jugées avec toute la célérité possible.

Nous savons que le droit d'appeler appartient au prévenu, au ministère public, à l'administration forestière, aux personnes responsables et à la partie civile.

Le délai d'appel est de dix jours. Le ministère public de la Cour, toutefois, a deux mois pour se pourvoir, à moins que les parties ne lui aient notifié le jugement de première instance, auquel cas le délai est réduit à un mois.

L'appel suspend l'exécution.

Voies extraordinaires.

Les voies extraordinaires sont la cassation et la révision.

1° *Cassation.*

La Cour de Cassation est composée de quarante-neuf membres, y compris un président et trois vice-présidents.

Le parquet est composé d'un procureur général et de six avocats généraux.

Elle se divise en trois chambres : la chambre des requêtes, la chambre civile et la chambre criminelle.

Les chambres siégent isolément, ou se réunissent en assemblée générale et en audience solennelle, selon les règles de compétence fixées par la loi.

Les chambres ne rendent d'arrêts qu'au nombre de onze membres au moins.

En cas de partage, cinq conseillers sont appelés pour le vider.

La chambre des requêtes statue sur l'admission ou sur le rejet des pourvois civils. Lorsqu'elle admet le pourvoi, l'affaire est portée devant la chambre civile. Si elle le rejette, tout est fini, celui qui s'est pourvu n'a plus aucun moyen pour attaquer la décision qui lui préjudicie.

La nature des attributions de la chambre civile est assez indiquée par son nom.

La chambre criminelle réunit les pouvoirs qu'ont, dans un autre ordre d'attributions, les deux autres chambres ensemble, c'est-à-dire que les affaires criminelles sont directement portées devant la chambre criminelle.

Elle connaît :

1° Des demandes en cassation contre les jugements rendus en dernier ressort et les arrêts rendus par les tribunaux criminels;

2° Des demandes en révision, dont nous parlerons bientôt;

3° Des recours dans l'intérêt de la loi, et des demandes en annulation, par ordre du ministre de la justice;

4° Des renvois pour suspicion légitime;

5° Des règlements de juges en matière de crimes et de délits;

6° Des crimes et délits commis par des magistrats dans l'exercice de leurs fonctions.

Ce qui concerne les matières que nous expliquons n'est relatif :

1° Qu'aux pourvois utiles, c'est-à-dire dans l'intérêt des particuliers;

2° Aux pourvois dans l'intérêt de la loi;

3° Aux pourvois par ordre du ministre de la justice.

Quant aux pourvois en révision, ils forment une

matière spéciale dont nous nous occuperons bientôt.

Pourvois utiles.

Le pourvoi en cassation peut être ainsi défini : un moyen de faire annuler un jugement ou un arrêt rendu en violation de la loi.

Il n'est admis que contre les décisions en dernier ressort, c'est-à-dire contre les décisions d'un tribunal jugeant sans appel possible ou d'un juge d'appel statuant après un tribunal de première instance. Mais il ne serait pas admis contre un jugement de première instance passé en force de chose jugée faute d'appel dans le délai fixé par la loi, car on peut dire que le silence de la partie vaut acquiescement. Mais cet acquiescement ne se présume pas dans les jugements par défaut, parce que le défaillant n'est pas présumé en avoir connaissance.

Le droit de se pourvoir appartient au ministère public, au condamné et à la partie civile. Cependant le pourvoi utile ne peut pas avoir lieu en cas d'acquittement par le jury.

La Cour de cassation ne juge pas l'affaire, elle juge plutôt le jugement ou l'arrêt qui lui est déféré.

Le délai pour se pourvoir, en matière pénale, est de trois jours francs, à partir du jugement ou de l'arrêt.

En cas de condamnation par défaut, le délai est de trois jours, à partir de l'expiration du délai d'opposition.

La voie extraordinaire ne doit s'ouvrir qu'au moment où la voie ordinaire se ferme.

En cas d'arrêt par contumace, la présence seule du condamné fait tomber le jugement; par conséquent, le pourvoi en cassation n'est pas nécessaire.

Le pourvoi en cassation doit être formé par déclaration au greffe de la cour ou du tribunal qui a rendu la décision attaquée.

Il n'est admis qu'à la condition de déposer au greffe une somme de cent cinquante francs ou de la moitié de cette somme, s'il s'agit d'une sentence par contumace ou par défaut.

Sont dispensés de l'amende, les condamnés en matière criminelle quels qu'ils soient, et les indigents, en matière correctionnelle ou de simple police.

Les condamnés, même en matière correctionnelle ou de simple police, à une peine emportant privation de la liberté ne sont pas admis à se pourvoir en cassation, s'ils ne se sont constitués prisonniers, à moins qu'ils ne soient en liberté sous caution. C'est ce qu'exprime l'article 421 en disant que les condamnés doivent *être en état.*

Le pourvoi en cassation est suspensif de l'exécution, en matière pénale, contrairement à ce qui a lieu en matière civile.

La cour prend un des deux partis suivants : ou bien elle rejette le pourvoi, ou bien elle casse la décision qui lui est déférée.

Dans le premier cas, il ne reste qu'à faire exécuter l'arrêt ou le jugement.

Dans le second cas, la cour ordonne le renvoi de l'affaire devant d'autres juges, à moins que la décision ne soit cassée, parce qu'il y avait prescription, amnistie, chose jugée ou que le fait n'était pas punissable.

Au cas de renvoi, si le nouveau tribunal, ou la nouvelle cour, rend une décision conforme à la précédente et que le pourvoi soit fondé sur les mêmes moyens, la cour prononce en assemblée générale des trois chambres.

Si la décision est de nouveau cassée, le tribunal ou la cour devant lesquels l'affaire est renvoyée doit décider conformément à l'opinion de la cour de cassation; on peut dire que ce tribunal ou cette cour n'est alors qu'un instrument. C'est en réalité la cour de cassation qui décide, et si elle ne fait pas en apparence ce qu'elle fait en réalité, c'est uniquement dans l'intérêt du principe d'après lequel la cour de cassation casse ou confirme et ne juge pas.

La cour de cassation, en toute affaire criminelle, correctionnelle ou de police, *doit* statuer dans le mois, au plus tard, à partir de la remise des pièces au greffe de la cour (art. 425, C. instr. crim.). Mais il paraît que cette règle n'est pas observée, car tout récemment on a pu lire dans les journaux des réclamations à ce sujet émanant de deux hommes bien connus pour leurs convictions républicaines, Miot et

Blanqui, condamnés à trois années de prison pour raison politique. Il est vrai, qu'en ce qui concerne Miot, un *communiqué* nous a appris que le retard de l'arrêt venait de ce que cet honorable citoyen n'avait pas consigné l'amende en temps utile.

Pourvoi dans l'intérêt de la loi par ordre du ministre de la justice.

Certains pourvois sont formés dans l'intérêt de la loi, et ne peuvent préjudicier aux parties. Aux termes de l'article 409 du Code d'instruction criminelle, l'annulation d'une ordonnance du président qui prononce un acquittement ne peut être poursuivie par le ministère public, partie dans le procès, que dans l'intérêt de la loi et sans préjudice à la partie qui a été acquittée.

Les arrêts ou jugements contraires à la loi sont attaqués par le procureur général, spontanément, ou par ordre formel du ministre de la justice. (Article 441 du Code d'instruction criminelle.)

Cette procédure a pour but d'avertir la magistrature que la décision attaquée avait violé la loi, et qu'à l'avenir la même faute ne doit pas être commise.

Le pourvoi dans l'intérêt de la loi que le procureur général forme spontanément ne doit pas être confondu avec le pourvoi en annulation qu'il forme par ordre du ministre de la justice.

Le pourvoi spontané du procureur général à la

cour de cassation ne peut avoir lieu qu'autant que le pourvoi utile qui n'a pas eu lieu, et dont les délais sont expirés, aurait cependant été possible, c'est-à-dire qu'autant qu'il s'agit de décisions rendues en dernier ressort.

Le pourvoi en annulation par ordre du ministre de la justice, au contraire, a lieu non-seulement contre les jugements et arrêts, mais encore contre les actes des cours et tribunaux qui n'ont pas ce caractère, comme les délibérations contraires à la loi; non-seulement après l'expiration des délais des pourvois utiles, mais encore avant; non-seulement contre les jugements en dernier, mais encore en premier ressort.

La cour de cassation a même décidé que ces pourvois peuvent profiter à la partie poursuivie ou condamnée, bien qu'ils ne puissent jamais lui nuire.

2° *Pourvois en révision.*

Le pourvoi en révision est un moyen d'attaquer les arrêts des cours d'assises, dans des cas d'erreurs matérielles, tandis que la cassation est fondée sur les erreurs de droit.

D'après l'ordonnance de 1670, celui qui voulait demander la révision d'un procès criminel devait obtenir des *lettres de révision.*

Le Code pénal de 1791 considéra la révision comme incompatible avec l'autorité du jury, et n'admit pas ce moyen d'attaquer les arrêts criminels. Il autorisa les demandes en réhabilitation.

Le Code du 3 brumaire an IV ne contenait aucune disposition formelle sur le moyen de détruire la chose jugée. Celui de 1810 régla de nouveau cette matière.

Les décisions sur délits ou contraventions de simple police ne sont pas susceptibles de révision, à cause de la garantie que le condamné a pu trouver dans les deux degrés de juridiction généralement possibles, et à cause de la nature des peines, moins graves que les peines corporelles proprement dites.

En matière criminelle, le pourvoi est possible dans trois cas :

Premier cas : existence de deux condamnations inconciliables.

Ce cas de révision est admis à trois conditions, savoir :

1° Que les condamnations aient été prononcées par deux arrêts différents;

2° Qu'elles aient été prononcées à raison du même crime;

3° Qu'elles soient inconciliables, de telle sorte que de leur rapprochement résulte la preuve de l'innocence de l'un des condamnés.

Lorsque deux individus sont condamnés par le même arrêt, leur position respective a été suffisamment examinée par le jury qui a vu dans ces deux individus deux coupables du même crime.

Deuxième cas : lorsque des pièces donnent des indices suffisants sur l'existence d'un individu dont la mort supposée a donné lieu à une condamnation.

Il n'est pas nécessaire, d'après l'article 444, que le prétendu homicidé se présente, il suffit qu'il existe.

Troisième cas : condamnation pour faux témoignage contre l'un des témoins à charge entendus dans le procès.

La condamnation du témoin à charge pour faux témoignage fait présumer l'innocence de celui contre qui la fausse déposition a été faite.

La révision est possible même lorsque le condamné a été gracié, parce que la grâce n'efface pas la condamnation. Il en est autrement lorsqu'il a été amnistié, parce qu'alors la condamnation est détruite.

La demande en révision est imprescriptible.

Voici les textes auxquels se rapportent les trois cas de révision :

« Art. 443. Lorsqu'un accusé aura été condamné « pour un crime, et qu'un autre accusé aura aussi « été condamné par un autre arrêt comme auteur « du même crime, si les deux arrêts ne peuvent se con- « cilier et sont la preuve de l'innocence de l'un « ou de l'autre condamné, l'exécution des deux ar- « rêts sera suspendue, quand même la demande en

« cassation de l'un ou de l'autre arrêt aurait été re-« jetée.

« Le ministre de la justice, soit d'office, soit sur la ré-« clamation des condamnés ou de l'un d'eux, ou du « procureur général, chargera le procureur général « près la cour de cassation de dénoncer les deux « arrêts à cette cour.

« Ladite cour, section criminelle, après avoir « vérifié que les deux condamnations ne peuvent se « concilier, cassera les deux arrêts et renverra les « accusés, pour être procédé sur les actes d'accusa-« tion subsistants, devant une cour autre que celles « qui auront rendu les deux arrêts. »

« Art. 444. Lorsqu'après une condamnation pour « homicide il sera, de l'ordre exprès du ministre « de la justice, adressé à la cour de cassation, « section criminelle, des pièces représentées posté-« rieurement à la condamnation, et propres à faire « naître de suffisants indices sur l'existence de la « personne dont la mort supposée aurait donné lieu « à la condamnation, cette cour pourra préparatoire-« ment désigner une cour royale pour reconnaître « l'existence et l'identité de la personne prétendue « homicidée, et les constater par l'interrogatoire de « cette personne, par audition de témoins, et par « tous les moyens propres à mettre en évidence le « fait destructif de la condamnation.

« L'exécution de la condamnation sera de plein « droit suspendue par l'ordre du ministre de la jus-

« tice, jusqu'à ce que la cour de cassation ait pro-« noncé, et, s'il y a lieu ensuite, par l'arrêt pré-« paratoire de cette cour.

« La cour désignée par celle de cassation prononcera simplement sur l'identité ou non-identité de « la personne ; et après que son arrêt aura, avec la « procédure, été transmis à la cour de cassation, « celle-ci pourra casser l'arrêt de condamnation, et « même renvoyer, s'il y a lieu, l'affaire à une cour « d'assises autre que celles qui en auraient primiti-« vement connu. »

« Art. 445. Lorsqu'après une condamnation contre « un accusé, l'un ou plusieurs des témoins qui avaient « déposé à charge contre lui seront poursuivis pour « avoir porté un faux témoignage dans le procès, et « si l'accusation en faux témoignage est admise contre « eux, ou même s'il est décerné contre eux des man-« dats d'arrêt, il sera sursis à l'exécution de l'arrêt « de condamnation, quand même la cour de cassa-« tion aurait rejeté la requête du condamné.

« Si les témoins sont ensuite condamnés pour faux « témoignage à charge, le ministre de la justice, soit « d'office, soit sur la réclamation de l'individu con-« damné par le premier arrêt, ou du procureur gé-« néral, chargera le procureur général près la cour « de cassation de dénoncer le fait à cette cour.

« Ladite cour, après avoir vérifié la déclaration « du jury, sur laquelle le second arrêt aura été rendu, « annulera le premier arrêt, si par cette déclaration

« les témoins sont convaincus de faux témoignage à « charge contre le premier condamné; et, pour être « procédé contre l'accusé sur l'acte d'accusation sub- « sistant, elle le renverra devant une cour d'assises « autre que celles qui auront rendu soit le premier, « soit le second arrêt.

« Si les accusés de faux témoignage sont acquittés, « le sursis sera levé de droit, et l'arrêt de condam- « nation sera exécuté.»

« Art. 446. Les témoins condamnés pour faux « témoignage ne pourront pas être entendus dans les « nouveaux débats. »

« Art. 447. Lorsqu'il y aura lieu de reviser une « condamnation pour la cause exprimée en l'article « 444, et que cette condamnation aura été portée « contre un individu mort depuis, la cour de cassation « créera un curateur à sa mémoire, avec lequel se « fera l'instruction, et qui exercera tous les droits du « condamné.

« Si, par le résultat de la nouvelle procédure, la « première condamnation se trouve avoir été portée « injustement, le nouvel arrêt déchargera la mémoire « du condamné de l'accusation qui avait été portée « contre lui.»

CHAPITRE VIII

DE L'EXÉCUTION

En cas d'acquittement ou d'absolution, l'exécution consiste dans la mise en liberté de l'accusé ou du prévenu en état de détention, s'il n'y a lieu de le retenir pour autre cause.

En cas de condamnation, il y a plusieurs distinctions à faire : s'il s'agit d'une condamnation à mort, le condamné, aux termes de l'article 12 du Code pénal, aura la tête tranchée. Cet article est bref comme la chute du couteau qui supprime une tête. L'exécution devrait avoir lieu dans les vingt-quatre heures qui suivent l'expiration du délai de trois jours accordé par l'article 373 pour le pourvoi, si le condamné n'a pas voulu se pourvoir en cassation, et dans les vingt-quatre heures après le rejet, s'il s'est pourvu et si la cour a rejeté le pourvoi, mais, en fait, on attend, avec raison, que le gouvernement ait pu exercer le droit de grâce qui lui appartient.

Les condamnations aux travaux forcés, à la réclusion, à la déportation, à la détention, à l'emprisonnement s'exécutent à la diligence du ministère public et par le fait de l'autorité administrative.

Les condamnations aux peines pécuniaires s'exécutent au nom du ministère public et sur les poursuites de l'administration des domaines. Les condamnations privatives de droits, comme la dégradation civique, produisent leurs effets de plein droit.

Il existait une exécution *par effigie* pour les condamnés qui s'évadaient, après une condamnation contradictoire, et pour les condamnés par contumace, C'est de cette exécution que datait la mort civile pour les premiers et de l'expiration de cinq ans à partir de la même époque pour les autres. L'exécution par effigie a cessé d'exister en vertu de la loi du 2 janvier 1850, et la mort civile en vertu de la loi du 8 juin 1850, en matière de déportation, et celle du 31 mai 1854 en matière criminelle proprement dite.

Aujourd'hui, si le condamné contradictoirement s'évade, l'exécution par effigie n'est pas nécessaire, puisque la mort civile dont elle devait marquer le point de départ n'existe plus.

Quant au condamné par contumace, il n'est exécuté ni selon le mode d'autrefois, qui consistait à exécuter un mannequin destiné à le remplacer, ni selon le mode antérieur à 1850, et conformément à l'ancien article 472 du Code pénal, qui consistait à faire afficher l'arrêt de condamnation par l'exécuteur des jugements criminels, vulgairement appelé le bourreau, à un poteau, sur l'une des places publiques de la ville chef-lieu de l'arrondissement où le crime avait été commis.

Aujourd'hui, aux termes de l'article 472, modifié par la loi du 2 janvier 1850, l'exécution consiste dans l'insertion de l'arrêt dans un des journaux du département du domicile du condamné, et dans des affiches, contenant le même extrait, apposées : 1° à la porte de son domicile; 2° à la porte de la mairie du chef-lieu de l'arrondissement où le crime a été commis ; 3° à la porte du prétoire de la cour d'assises.

Pareil extrait doit être adressé, dans le même délai, au directeur des domaines du domicile du contumax.

Les effets que la loi attachait à l'exécution par effigie et qui existent encore sont produits à partir de la date du dernier procès-verbal constatant l'accomplissement de la formalité de l'affiche que nous venons de mentionner.

CHAPITRE IX

DE L'EXTINCTION

DE

L'ACTION ET DE LA PEINE

Dans une première Section nous traiterons de l'extinction de l'action.

Dans une seconde nous ajouterons quelques détails à la VIe Section du Chapitre II du Code pénal, consacrée à l'extinction des peines.

PREMIÈRE SECTION

De l'extinction de l'action

L'action criminelle s'éteint par : 1° la mort du prévenu; 2° l'amnistie; 3° la transaction; 4° le désistement; 5° la prescription; 6° l'autorité de la chose jugée.

1° *La mort du prévenu.*

Il n'est pas plus permis de poursuivre un mort qu'il n'est permis d'exécuter une condamnation contre lui. Notre législation ne permet pas, comme certaines législations anciennes, les procès qui s'adressent à la mémoire des morts.

2° *L'amnistie.*

C'est une mesure générale qui éteint le droit de

29.

poursuivre comme la condamnation qui résulte des poursuites accomplies.

3° *La transaction.*

La transaction entre la victime et le coupable sur les dommages-intérêts résultant du méfait n'éteint pas l'action publique. Cependant l'usage, la jurisprudence et les lois ont autorisé certaines branches de l'administration à transiger avec les délinquants. Dans ce cas sont les administrations des contributions indirectes et des douanes. La loi du 6 juillet 1859 confère ce droit à l'administration des postes, dans certains cas (art. 9), et celle du 19 novembre 1859 à l'administration des forêts (art. 159 du C. forestier).

4° *Le désistement.*

Le mari a le privilége de faire cesser les poursuites contre sa femme adultère, comme il a droit de lui faire grâce lorsqu'elle a été condamnée.

5° *La prescription.*

« Art. 637. L'action publique et l'action civile ré-
« sultant d'un crime de nature à entraîner la peine
« de mort ou des peines afflictives perpétuelles, ou
« de tout autre crime emportant peine afflictive ou
« infamante, se prescriront après dix années révo-
« lues, à compter du jour où le crime aura été

« commis, si dans cet intervalle il n'a été fait aucun « acte d'instruction ni de poursuite.

« S'il a été fait, dans cet intervalle, des actes d'instruction ou de poursuite non suivis de jugement, « l'action publique et l'action civile ne se prescriront « qu'après dix années révolues, à compter du dernier acte, à l'égard même des personnes qui ne « seraient pas impliquées dans cet acte d'instruction « ou de poursuite. »

« Art. 638. Dans les deux cas exprimés en l'article « précédent, et suivant les distinctions d'époques « qui y sont établies, la durée de la prescription « sera réduite à trois années révolues, s'il s'agit d'un « délit de nature à être puni correctionnellement. »

« Art. 640. L'action publique et l'action civile « pour une contravention de police seront prescrites « après une année révolue, à compter du jour où « elle aura été commise, même lorsqu'il y aura eu « procès-verbal, saisie, instruction ou poursuite, si « dans cet intervalle il n'est point intervenu de condamnation; s'il y a eu un jugement définitif de « première instance, de nature à être attaqué par la « voie de l'appel, l'action publique et l'action civile « se prescriront après une année révolue, à compter « de la notification de l'appel qui en aura été interjeté.

L'action résultant d'une contravention se prescrit par un an.

L'action résultant d'un délit se prescrit par trois ans.

L'action résultant d'un crime se prescrit par dix ans.

Les actions se prescrivent par des délais plus courts que les condamnations. Il devait en être ainsi, car s'il est toujours facile de faire exécuter une condamnation, il est plus difficile de recueillir, après un long intervalle de temps, les preuves nécessaires pour faire condamner le coupable; les souvenirs s'effacent, les témoins meurent. Il n'y aurait aucun avantage pour la société à ranimer le souvenir d'un crime qui resterait souvent impuni faute de preuves.

L'action criminelle se prescrit par dix ans, à partir du crime ou à partir du dernier acte de poursuite ou d'instruction, s'il en a été fait.

Il y a ici une bizarrerie apparente, c'est que l'action civile résultant d'un crime se prescrit, comme l'action criminelle, par un temps moins long que l'action civile ordinaire, de sorte que le malfaiteur est mieux traité qu'un individu qui a contracté. Cette prescription se justifie par les inconvénients qu'il y aurait à débattre, devant les tribunaux, l'intérêt civil résultant d'un crime, à une époque où l'auteur prétendu n'a plus le droit de se défendre. Il en résulterait des scandales fâcheux que le législateur a voulu prévenir.

6° *L'autorité de la chose jugée.*

Aux termes de l'article 360 du Code d'instruction

criminelle, toute personne acquittée légalement ne pourra plus être reprise, ni accusée à raison du même fait. Cet article, par la place qu'il occupe, ne vise que les arrêts des cours d'assises, mais son application ne doit pas être restreinte. S'il consacre spécialement la règle *non bis in idem,* son texte ne doit pas être regardé comme limitatif, et cette règle est vraie pour toutes les juridictions. Il y a certains principes admis par la jurisprudence et par la raison, qui semblent se passer de formule légale, parce que la nécessité semble les mettre dans les lois, sinon au-dessus des lois.

Ainsi, quand tous les degrés de juridiction sont parcourus et les moyens extraordinaires d'attaquer les décisions de la justice épuisés, le dernier mot est dit; le condamné n'a pas le droit de prouver son innocence, et l'acquitté ne peut être accusé de nouveau.

DEUXIÈME SECTION

De l'extinction de la peine

Les peines finissent par : 1° l'expiration du temp fixé par le juge ou l'accomplissement de la peine; 2° la mort du condamné; 3° la grâce; 4° l'amnistie; 5° la présence volontaire ou la capture du condamné par contumace; 6° la révision ; 7° la réhabilitation; 8° la prescription; 9° une décision spéciale du Gouvernement.

1° *L'accomplissement de la peine.*

Le condamné à une peine temporaire a payé sa dette, en quelque sorte, à la société : il est quitte. Malheureusement, il en reste ordinairement quelque chose, et la société n'accueille le libéré qu'avec une méfiance souvent justifiée, quelquefois injuste, mais toujours funeste pour celui qui eut une lacune dans sa vie d'honnête homme.

2° *La mort.*

La mort fait cesser les peines personnelles, mais celles qui atteignent le condamné dans ses biens, comme l'amende, la confiscation du corps du délit lui survivent et s'exécutent contre ses héritiers.

3° *La grâce.*

La grâce ne fait cesser que la peine matérielle, comme l'emprisonnement, les travaux forcés, mais elle ne fait pas cesser les incapacités qui en sont les conséquences. Elle prévient la peine de mort, dont la durée n'est pas assez longue pour être interrompue, au moins dans le mode d'exécution suivi en France depuis l'invention de Guillotin. C'est au chef du gouvernement qu'il appartient de faire grâce, conformément à l'article 1er du sénatusconsulte du 25 décembre 1852.

La grâce suit la peine, mais ne peut la précéder. En tous cas, un honnête homme demande justice et n'accepte pas une grâce qui fait supposer la culpabilité. On a vu, il y a quelques années, un écrivain refuser la grâce qui lui était offerte avant que le jugement qui le condamnait, pour délit de presse, ne fût passé en force de chose jugée.

4° *La présence volontaire ou la capture du condamné.*

Aux termes du 1er alinéa de l'article 476 du Code d'instruction criminelle, « si l'accusé se constitue prisonnier ou s'il est arrêté avant que la peine soit éteinte par la prescription, le jugement rendu par contumace et les procédures faites contre lui depuis l'ordonnance de prise de corps ou de se représenter seront anéantis de plein droit, et il sera procédé à son égard dans la forme ordinaire.»

D'après le second paragraphe du même article et avant la loi du 31 mai 1854, la mort civile encourue après l'expiration de cinq ans depuis l'exécution par effigie était anéantie par la représentation volontaire ou la capture du condamné par contumace. La mort civile a cessé d'exister, mais l'incapacité de disposer et de recevoir à titre gratuit frappe maintenant les personnes condamnées aux peines qui avaient pour conséquence la mort civile. Il s'ensuit que cette incapacité sera anéantie par la présence volontaire ou forcée du condamné par contumace.

Car, si l'on peut acquiescer tacitement à une condamnation correctionnelle par défaut, en s'abstenant de faire opposition dans les cinq jours de la signification du jugement, on n'est pas admis à acquiescer à une condamnation par contumace; l'article 476 dit, en effet, que la condamnation et la procédure tombent de *plein droit* lorsque le condamné se présente ou est arrêté.

5° *De la réhabilitation.*

La réhabilitation est une mesure qui a pour effet de faire cesser, pour l'avenir, toutes les incapacités qui résultaient de la condamnation.

Elle peut être obtenue par les condamnés à des peines afflictives, ou infamantes, ou correctionnelles qui ont subi leur peine ou qui ont été graciés.

Elle est accordée par l'empereur, sur le rapport du ministre de la justice.

Les conditions et formalités sont réglées par les articles 619 et suivants du Code d'instruction criminelle, modifiés par la loi du 3 juillet 1852.

6° *De la prescription.*

« Art. 635. Les peines portées par les arrêts ou « jugements rendus en matière criminelle se pres- « criront par vingt années révolues, à compter de la « date des arrêts ou jugements.

« Néanmoins le condamné ne pourra résider dans « le département où demeuraient, soit celui sur le- « quel ou contre la propriété duquel le crime aurait « été commis, soit ses héritiers directs.

« Le gouvernement pourra assigner au condamné « le lieu de son domicile. »

« Art. 636. Les peines portées par les arrêts ou jugements rendus en matière correctionnelle se prescriront par cinq années révolues, à compter de la date de l'arrêt ou du jugement rendu en dernier ressort; et à l'égard des peines prononcées par les tribunaux de première instance, à compter du jour où ils ne pourront plus être attaqués par la voie de l'appel. »

« Art. 639. Les peines portées par les jugements rendus pour contraventions de police seront prescrites après deux années révolues, savoir : pour les peines prononcées par arrêt ou jugement en dernier ressort, à compter du jour de l'arrêt; et, à l'égard des peines prononcées par les tribunaux de première instance, à compter du jour où ils ne pourront plus être attaqués par la voie de l'appel. »

« Art. 641. En aucun cas, les condamnés par défaut ou par contumace, dont la peine est prescrite, ne pourront être admis à se présenter pour purger le défaut ou la contumace. »

« Art. 642. Les condamnations civiles portées par les arrêts ou par les jugements rendus en matière criminelle, correctionnelle ou de police, et devenues irrévocables, se prescriront d'après les règles établies par le Code civil. »

De ces textes il résulte que la peine se prescrit en matière criminelle par vingt ans, à partir de la condamnation par contumace, et dans les condamnations contradictoires, à partir de l'évasion.

Le mot *jugement,* dans l'article 635, paraît occuper une place qui ne lui appartient pas. Il s'agit de peines criminelles; or il semble qu'elles ne résultent que des arrêts des cours d'assises.

Cependant les décisions des conseils de guerre portent le nom de *jugement* et peuvent avoir pour objet des condamnations à des peines criminelles.

La prescription de vingt ans s'applique seulement à la peine, et non aux condamnations civiles qui se prescrivent d'après le droit commun, c'est-à-dire par trente ans.

La prescription de la peine a lieu par vingt ans; le législateur a supposé que vingt ans de fuite et de remords, peut-être, étaient une expiation suffisante.

Les peines correctionnelles, moins graves que les peines criminelles, se prescrivent par cinq ans, à compter de la date de l'arrêt ou du jugement en dernier ressort.

Les peines de simple police se prescrivent par deux ans.

Quand nous disons que les peines se prescrivent, cela signifie que le droit de les faire exécuter se prescrit. Il s'ensuit que les déchéances de droits qui se produisent sans exécution ne se prescrivent pas.

Nous n'ajouterons rien à ce que nous avons dit ailleurs de l'amnistie et de la révision.

CHAPITRE X

SUSPENSION DES DROITS

DE POURSUITE ET D'EXÉCUTION

Le droit de poursuite est suspendu par la démence. Comme le prévenu ne peut être représenté par un mandataire en pareil cas et qu'il est dans l'impossibilité de se défendre lui-même, il faut nécessairement attendre qu'il ait recouvré ses facultés mentales.

L'exécution est possible, si tous les moyens de recours sont épuisés, mais, en fait, on enverra le condamné dans une maison d'aliénés. La peine cesserait d'être exemplaire, le bénéfice social de l'exécution serait perdu, la pitié du public serait acquise au patient, car exécuter un fou serait exécuter un enfant.

Les agents du gouvernement ne peuvent, en général, être mis en jugement jusqu'à ce que les poursuites aient été autorisées par l'empereur en conseil d'État (art. 75 de la Constitution de l'an VIII). Le refus d'autorisation paralyse l'action publique, comme l'action en dommages-intérêts, mais il va sans dire qu'ils ne jouissent de cette faveur exorbitante qu'autant qu'il s'agit des actes qu'ils ont faits dans l'exercice de leurs fonctions et non comme simples particuliers.

Les députés ne peuvent être poursuivis ou arrêtés durant la session du Corps législatif sans l'autorisation de l'assemblée, afin que l'exécution de leur mandat ne soit pas entravée ou empêchée. Cette garantie spéciale disparaît devant le flagrant délit. (Décret du 2 février 1852, art. 11.)

Les femmes enceintes peuvent être poursuivies, mais elles ne peuvent être mises à mort avant leur délivrance. Les peines privatives de la liberté peuvent s'exécuter pendant la grossesse.

Si le livre que je termine est utile aux étudiants, mon but sera atteint. Je l'ai composé en vue des examens; c'est pourquoi je n'ai commenté que les articles qui rentrent directement ou indirectement dans le programme des facultés de droit.

TABLE DES MATIÈRES

PREMIÈRE PARTIE

CODE PÉNAL

DEUXIÈME PARTIE

CODE D'INSTRUCTION CRIMINELLE

FIN DE LA TABLE DES MATIÈRES

PARIS, — IMPRIMERIE POITEVIN, RUE DAMIETTE, 2 ET 4

www.ingramcontent.com/pod-product-compliance
Ingram Content Group UK Ltd.
Pitfield, Milton Keynes, MK11 3LW, UK
UKHW021847190726
13855UKWH00001B/190

9 782013 454810